**복 있는 사람**

오직 여호와의 율법을 즐거워하여 그 율법을 주야로 묵상하는 자로다.
저는 시냇가에 심은 나무가 시절을 좇아 과실을 맺으며 그 잎사귀가
마르지 아니함 같으니 그 행사가 다 형통하리로다.　　　(시편 1:2-3)

이 성전을 허물라

# 이 성전을 허물라

김영봉 지음

복 있는 사람

이 성전을 허물라

2011년 4월 12일 초판 1쇄 인쇄
2011년 4월 16일 초판 1쇄 발행
지은이 김영봉
펴낸이 박종현
도서출판 복 있는 사람
서울특별시 종로구 안국동 163 걸스카웃빌딩 801호
Tel 723-7183 | Fax 723-7184
blesspjh@hanmail.net
마케팅 723-7734
등록 1998년 1월 19일 제1-2280호
ISBN 978-89-6360-038-3

ⓒ 김영봉 2011

이 책의 저작권은 저자와 도서출판 복 있는 사람에게 있습니다.
저작권법에 의하여 보호를 받는 저작물이므로 무단전재와 복제를 금합니다.

## 차례

| | |
|---|---|
| 시작하는 말 | 9 |
| 1. 잔치는 계속된다 요 2:1-11 | 15 |
| 2. 예수의 은밀한 혁명 요 2:13-22 | 35 |
| 3. 제사가 아니다 요 2:19, 히 10:19-23 | 55 |
| 4. 죄 속에 벌이 있다 요 2:19, 롬 6:15-18 | 71 |
| 5. 제단에 올려진 삶 요 2:19, 롬 12:1-2 | 89 |
| 6. 믿음의 담력 요 2:19, 히 4:14-16 | 109 |
| 7. 같은 부름, 다른 소임 요 2:19, 벧전 2:1-5 | 125 |
| 8. 다 거룩하다 요 2:19, 막 7:14-23 | 143 |
| 9. 구원의 질서를 따르는 삶 요 2:19, 마 28:16-20 | 163 |
| 10. 인생은 성찬이다 요 2:19, 17:15-19 | 181 |
| 11. 이적을 좇는 믿음 요 2:23-25 | 199 |

# 시작하는 말

이 책은 2010년 1월부터 미국 버지니아 주에 위치한 와싱톤한인교회에서 행한 열한 편의 설교를 묶은 것입니다. 형식적으로는 요한복음 2장을 바탕으로 한 연속 설교입니다. 요한복음 2장은 두 가지 이야기로 구성되어 있습니다. 가나에서 행한 첫 번째 이적 이야기(1-12절)와 예루살렘 성전에서의 소동 이야기(13-25절)가 그것입니다. "두 가지 이야기를 가지고 어떻게 열한 번이나 설교를 했을까?" 하는 의문이 들 것입니다.

    요한은 예수님의 이야기를 쓰면서 서론 격으로 1장을 썼습니다. 2장부터가 본론인 셈인데, 그 첫머리에 요한은 이 두 가지 이야기를 배치했습니다. 가나의 혼인 잔치 이야기는 다른 복음서에는 없습니다. 하지만 요한은 "예수께서 행한 첫 번째 표징"(11절)으로 이 이야기를 소중하게 여겼습니다. 예루살렘 성전에서의 소동 이야기는 더욱 특별합니다. 다른 복음서에 보면, 이 이야기가 예수님의 생애 마지막에 나옵니다. 요한은 그것을 맨 앞으로 옮겨 놓았습니다. (물론, 요한복음 2장의 사건이 다른 복음서에 기록된 사건과 다른 것이라고 설명하는 사람도 있습니다.) 요한에게는 사건의 순서보다는 사건의 의미가 더 중요했기 때문입니다.

그렇다면 요한이 이 두 가지 이야기를 통해 전달하려는 의미는 무엇일까요? 저는 그것을 '예수님의 은밀한 영적 음모'라고 부릅니다. 이 두 가지 사건을 통해 요한은 예수님을 통해 앞으로 엄청난 영적 혁명이 일어날 것임을 독자에게 예감하도록 했습니다. 당시 유대교 신앙을 질식시키고 있던 '율법주의'를 무너뜨리고 '은혜의 복음'을 그 자리에 세우려는 은밀한 영적 음모가 예수님 안에서 일어나고 있었습니다. 율법이 폐기되고, 성전이 무너지며, 제사와 제물이 사라지고, 안식일 율법이 무효화되며, 제사장이 더 이상 필요하지 않은 새로운 영적 질서를 예수님은 꿈꾸고 계셨습니다. 그 영적 구상이 가나에서 행한 이적과 성전에서 일으킨 소동을 통해 은밀하지만 선명하게 드러났습니다.

저는 참으로 간절한 마음으로 이 설교를 준비했고 예언자적인 심정으로 선포했습니다. 예수께서 직면했던 유대교의 율법주의가 결코 오늘 우리가 직면하고 있는 한국교회의 율법주의보다 더 심하다고 말할 수 없는 형편이기 때문입니다. 한국교회는 종교개혁의 위대한 정신을 잃어버리고 율법주의에 깊이 빠져 영적 생명력을 잃고 속속들이 썩어 가고 있습니다. 한국교회에 희망이 없다는 자성의 목소리가 나온 지 벌써 여러 해가 지났지만, 이렇다 할 변혁과 갱신의 움직임은 보이지 않습니다. 저는 그 같은 쇠락과 타락의 가장 큰 원인이 율법주의에 있다고 진단해 왔습니다. 그래서 이 연속 설교를 통해 한국교회의 율법주의 문제를 하나씩 다루었습니다.

이 연속 설교를 준비하고 선포하는 동안, 제게는 상당한 용기가 필요했습니다. 한국교회의 율법주의를 공격하는 것은 다면적인 공격 앞에 저 자신을 노출시키는 것이기 때문이었습니다. 제게 용기가 필요했던 이유는 대략 세 가지로 정리할 수 있습니다.

첫째, 은혜의 복음이 제시하는 선명한 요청 앞에 저 자신이 먼저 응답해야 했기 때문입니다. 은혜의 복음은 율법주의를 구실로 하여 그동안 누리던 모든 기득권을 내려놓게 합니다. 제게도 그 기득권의 일부를 누리고 싶은 욕구가 있습니다. 하지만 저는 앞으로 이 책의 내용에 대해 책임을 져야 합니다. 몇 년 전에 기독교 청부론 논쟁의 중심에 있던 「바늘귀를 통과한 부자」를 썼을 때도 같은 부담과 위험을 느꼈습니다. 누군가 선명한 진리를 외치면, 사람들은 그 기준으로 당사자를 가장 먼저 판단하게 마련이기 때문입니다. 그러나 그때나 지금이나, 그런 부담이나 위험 때문에 진리에 대해 침묵할 수는 없습니다.

둘째, 이 연속 설교는 다른 목회자들을 곤란에 처하게 할 수 있습니다. 한국교회의 전반적인 상황을 볼 때, 이 모양 저 모양으로 율법주의의 덕을 입지 않고 사는 목회자들은 그다지 많지 않습니다. 물론, 치열한 열정으로 율법주의적인 관행과 싸우며 살아가는 목회자들도 계십니다. 하지만 전반적으로는 율법주의에 깊이 빠져 있다고 보는 편이 옳습니다. 저는 이 설교로 인해 "너만 깨끗하냐?"는 비난을 받을 수도 있고, '괜한 것을 트집 잡는 사람'으로 보일 수도 있습니다. "당신 때문에 내가 곤란해졌다"고 원망하는 목회자들도 생길 것입니다. 그럼에도 불구하고 목소리를 내야 하는가? 이것이 저의 고민이었습니다.

셋째, 평신도 중에서도 이 연속 설교의 내용을 전적으로 환영하지 않을 사람들이 많을 것입니다. 율법주의는 목회자와 평신도의 '침묵의 카르텔'을 통해 유지됩니다. 이 담합을 통해 평신도는 평신도대로 얻는 '부정한 이득'이 있습니다. 예수께서 선포하신 은혜의 복음은 그 '부정함'을 폭로하고, 하나님 앞에 무장 해제할 것을 요청합니다. 율법주의에 물든 편의주의적 신앙에 기대어 산 평신도들은 그 같은 상황을 반기지 않을 것입니다.

실제로 이 연속 설교를 진행하는 동안, 저는 교인들로부터 다양한 반응을 접했습니다. "혼란스럽습니다"라고 말하는 분이 계셨습니다. 그동안 율법주의적인 사고와 신앙 생활에 너무 깊이 빠져 있었기 때문에 혼란을 겪은 것입니다. "속이 시원합니다"라고 말하는 분도 계셨습니다. 율법주의적인 사고와 관행에 대해 알 수 없는 의문을 가져 왔는데, 그 의문이 풀렸다는 뜻일 것입니다. 어떤 분은 "목사님, 몸조심하셔야 하겠습니다"라고 걱정해 주셨고, 또 어떤 분은 "마음이 뜨겁습니다"라고 격려해 주셨습니다. 인터넷을 통해 제 설교를 접한 분들이 이메일을 통해 격려의 글을 보내 주시기도 했습니다. 이같이 다양한 반응을 접하면서, 제가 '마땅히 할 말'을 하고 있음을 확인할 수 있었습니다. 용기와 영감을 허락해 주신 성령께 감사와 찬송을 올립니다.

이 연속 설교를 책으로 내면서 저는 더 큰 용기를 끌어모아야 했습니다. 책의 출판으로 인해 이 글의 파장이 더 커지고 깊어질 것이기 때문입니다. 하지만 율법주의의 혼탁한 물결에 깊이 빠져 허우적거리는 한국교회가, 다만 일부만이라도 이 책을 통해 예수께서 선포하신 은혜의 복음에 활짝 깨어난다면, 그 모든 부담과 위험을 감수하고도 남음이 있을 것입니다. 이 위험한 짐을 기꺼이 짊어져 준 '복 있는 사람' 출판사에 감사드립니다. 또한 이 연속 설교를 경청하며 성원해 주신 와싱톤한인교회 교우들에게 감사드립니다.

　　쓸모없는 나무 막대기를 모세의 지팡이로 사용하여 이스라엘을 구원하신 하나님께서 이 부족한 글을 사용하여 주시기를!

2011년 3월 버지니아에서

김영봉

# 1 잔치는 계속된다

사흘째 되는 날에 갈릴리 가나에 혼인 잔치가 있었다. 예수의 어머니가 거기에 계셨고, 예수와 그의 제자들도 그 잔치에 초대를 받았다. 그런데 포도주가 떨어지니, 예수의 어머니가 예수에게 말하기를 "포도주가 떨어졌다" 하였다. 예수께서 어머니에게 말씀하셨다. "여자여, 그것이 나와 당신에게 무슨 상관이 있습니까? 아직도 내 때가 오지 않았습니다." 그 어머니가 일꾼들에게 이르기를 "무엇이든지, 그가 시키는 대로 하세요" 하였다. 그런데 유대 사람의 정결 예법을 따라, 거기에는 돌로 만든 물항아리 여섯이 놓여 있었는데, 그것은 물 두세 동이들이 항아리였다. 예수께서 일꾼들에게 말씀하셨다. "이 항아리에 물을 채워라." 그래서 그들은 항아리마다 물을 가득 채웠다. 예수께서 그들에게 말씀하시기를 "이제는 떠서, 잔치를 맡은 이에게 가져다 주어라" 하시니, 그들이 그대로 하였다. 잔치를 맡은 이는, 포도주로 변한 물을 맛보고, 그것이 어디에서 났는지 알지 못하였으나, 물을 떠온 일꾼들은 알았다. 그래서 잔치를 맡은 이는 신랑을 불러서 그에게 말하기를 "누구든지 먼저 좋은 포도주를 내놓고, 손님들이 취한 뒤에 덜 좋은 것을 내놓는데, 그대는 이렇게 좋은 포도주를 지금까지 남겨 두었구려!" 하였다. 예수께서 이 첫 번 표징을 갈릴리 가나에서 행하여 자기의 영광을 드러내시니, 그의 제자들이 그를 믿게 되었다.

요한복음 2:1-11

## 잔치는 없다, 삶이 잔치다

1

예수님 당시, 갈릴리에 가나라는 동네가 있었습니다. 그곳의 한 집에서 혼인 잔치가 벌어졌습니다. 유대인들의 혼인 관습은 좀 특별한 데가 있습니다. 한 남자가 어느 여인에게 마음을 빼앗겨 결혼할 결심을 했다고 합시다. 그러면 그는 부모에게서 잔치할 돈을 받아 냅니다. 신랑은 그 돈을 가지고 신부 집으로 가서 잔치를 벌이는데, 보통 일주일 동안 지속됩니다. 결혼 잔치의 절정은 일주일의 마지막 날에 옵니다. 그날이 오면 신랑은 포도주 한 잔을 신부 앞에 놓습니다. 신부가 그 잔을 마시면 결혼이 이루어지는 것이고, 거절하면 신랑은 헛돈을 쓴 것이 됩니다. 하지만 신랑이 내미는 포도주잔을 거절하는 신부는 별로 없었습니다. 이미 그 정도는 약속이 되었기에 잔치를 허락한 것이기 때문입니다.

    그 결혼식 잔치에 예수님의 어머니 마리아와 예수님 그리고 제자들이 초청을 받았습니다. 마리아가 그 집의 주방에서 중요한 역할을 하고 있었음을 미루어 짐작컨대, 아마 예수님의 친척 집이었을 것입니다. 일주일 동안 지속되는 잔치였으나, 예수님과 그 일행이 일주일 내내 먹고 마셨다고 볼 수는 없습니다. 잔치 준비를 위해 어머니 마리아가 먼저 그 집으로 갔을 테고, 예수님과 그 일행이 나중에 그 집에 들렀을 것입니다. 이야기의 흐름을 살펴볼 때, 아마도 적어도 사나흘은 지나서 그 집에 들렀을 것 같습니다.

잔칫집에서 제일 중요한 것은 포도주였습니다. 일주일 동안 잔치를 벌이려면 제법 많은 포도주를 준비해 두어야 합니다. 집에서 담근 포도주만으로는 안 되고, 이웃집에서 혹은 포도주 가게에서 사다가 충분히 마련해 놓아야 합니다. 가나의 그 집도 아마 그렇게 했을 것입니다. 그런데 예수님과 그 일행이 도착하고 나서 얼마 있지 않아 그만 포도주가 떨어지고 맙니다. 준비를 충분히 해 놓지 않았는지, 아니면 예상보다 많은 손님들이 왔는지, 알 수 없습니다.

이것은 잔칫집 주인에게는 아주 곤란한 일이었습니다. 그 지역에서 구할 수 있는 만큼은 구해 놓았기 때문에 포도주를 더 구할 방도가 마땅치 않습니다. 포도주 없는 잔치는 상상할 수 없습니다. 그렇다고 잔치를 끝낼 수도 없습니다. 잔치의 주인공들로서는 매우 큰 위기를 만난 것입니다. 마지막 날에 신부 앞에 놓을 포도주조차 구할 수 없게 되었으니 말입니다. 주인으로서는 발을 동동 구를 수밖에 없는 일입니다.

2

예수님의 어머니 마리아는 주인과 함께 궁리합니다. 그때 마리아는 아들을 생각했습니다. 아들 예수는 얼마 전에 유다 광야로 나가 몇 개월을 보내더니 갈릴리에 나가 전도자로 활동을 시작했습니다. 시간이 지나면서 아들을 따라다니는 사람들이 생겼습니다. 아직 그 아들에게서 특별한 것을 보지는 못했지만, 무슨 일이든 할 것만 같았습니다. 마리아는 뭔지 모르지만 아들이 의지가 되었습니다. 왠지 그 사실을 아들에게 알려야겠다는 마음이 듭니다. 마리아는 예수님과 그 일행이 있는 방으로 가서, 눈짓으로 아들을 불러냅니다. 그리고는 다른 사람들이 듣지 못하게 귓속말로 말합니다. "포도주가 떨어졌구나."

마리아는 얼마든지 달리 말할 수 있었습니다. 이런 식으로 말입니다. "포도주가 떨어졌는데, 혹시 너를 따르는 저 사람들을 데리고 이웃 동네로 가서 포도주를 사다 줄 수 있겠니? 너희들이 한두 통씩만 들고 오면 나머지 잔치를 치를 수 있을 텐데." 저와 여러분 같으면 그렇게 말했을지 모릅니다. 하지만 마리아는 다 큰 아들을 자신의 생각과 판단으로 조종하거나 부리려 하지 않았습니다. 그는 다만 "포도주가 떨어졌구나!"라고만 하고, 말을 아꼈습니다. 아들을 의지하고, 아들이 뭔가 도움을 주기 바라지만, 모든 것을 아들의 판단에 맡긴 것입니다. 마리아는 다만 지금 해결해야 할 문제 상황이 있음을 알리는 것으로 만족했습니다.

어머니의 부탁에 대해 예수님은 냉담한 반응을 보이셨습니다. 4절에 보면, 예수님이 이렇게 응답한 것으로 되어 있습니다.

여자여, 그것이 나와 당신에게 무슨 상관이 있습니까? 아직도 내 때가 오지 않았습니다.

여기서 예수님은 어머니에게 "여자여"라고 부르는데, 이것이 우리에게는 무례하게 들립니다. 하지만 유대인들의 문화에서는 "어머니"라고 부르는 것과 별 차이가 없는 말입니다. 따라서 어머니에게 한 이 대답에서 예수님은 정중하고 완곡하게 거절의 뜻을 드러낸 것입니다. 자신은 그런 일에 개입하고 싶지 않고, 또한 아직 개입할 때도 아니라고 생각했습니다.

그런데 이 어머니가 어찌 하는지 보십시오. 일꾼들을 불러 이렇게 말합니다.

무엇이든지, 그가 시키는 대로 하세요(5절).

아들을 강제하지는 않지만, 아들이 자신을 꼭 도와줄 거라고 믿은 것입니다. 비록 지금은 자신의 청을 거절하지만, 어미의 딱한 사정을 무시하지 않을 것이라고 믿었습니다. 물론, 그렇게 하지 않을 수도 있다고 생각했을 것입니다. 그러면 어쩔 수 없는 일입니다. 하지만 아들이 마음을 돌릴지도 모른다고 생각했습니다. 그때를 대비해 일꾼들에게 준비를 시켜 둔 것입니다.

3

　마리아는 다시 주방으로 들어가고, 예수님도 일행 가운데로 돌아가 음식을 드십니다. 얼마를 그렇게 있더니, 예수님이 일어나 일꾼들을 부릅니다. 그들을 데리고 문간에 있던 물항아리 쪽으로 가십니다. 유대인들은 음식을 먹기 전에 반드시 물로 손을 씻어야 했습니다. 그것은 위생의 문제이기도 하지만 종교적인 문제이기도 했습니다. 그 집에 당도하기 전까지 알게 모르게 부정한 것을 만진 손을 정결하게 씻어야만, 먹는 음식에 부정이 타지 않는다고 믿었습니다. 특히나 손으로 음식을 먹는 그들이었기에 손을 씻는 것은 매우 중요한 일이었습니다. 손에 부정이 타면 씻을 수 있지만, 부정 탄 음식을 먹어 내장이 부정해지면 달리 방도가 없었기 때문입니다. 그래서 돌로 만든 커다란 항아리 여섯 개를 준비해 두고 있었습니다.

　예수님은 그 항아리들을 가리키며 일꾼들에게 말씀하십니다. "이 항아리에 물을 채워라"(7절). 그즈음, 항아리마다 물이 많이 줄어 있었습니다. 일꾼들은 마리아로부터 받은 당부가 있었기에 그대로 행합니다. 그들은 속으로 이렇게 생각했을 것입니다. '손님들이 떼로 몰려오려나? 왜 이렇게 물을 많이 준비하라는 거지?'

　여섯 개의 물항아리에 물이 가득 채워지자, 예수님이 일꾼들에게 다시 명령하십니다. "이제는 떠서, 잔치를 맡은 이에게 가져다 주어라"(8절). '잔치를 맡은 이'는 그 잔치 전체를 책임지는 사람을 가리킵니다. 이때는 이미 물항아리의 물이 포도주로 변한 상태였을 것입니다.

　이 대목에서 이렇게 질문하는 사람을 보았습니다. "예수님이 물을 포도주로 바꾸셨을 때, 그 포도주는 백포도주였을까, 적포도주였을까?" 별로 중요한 문제는 아니지만, 굳이 대답하자면, 당시 유대인들이 일상 생활에서 마시던 포도주는 대부분 적포도주였으니, 적포도주였을 것입니다.

　일꾼이 물항아리에 바가지를 넣고 한 번 휘저었을 때, 그는 깜짝 놀랐을 것입니다. 조금 전에 자신이 길어다 부은 것은 물이었는데, 그것이 이제는 붉은 포도주로 변한 것입니다. 도대체 믿을 수 없는 일이 자기 눈앞에서 일어난 것입니다. 그 포도주 바가지를 잔치 맡은 이에게 전해 줄 때, 그 일꾼의 마음은 신비롭기도 하고 두렵기도 했을 것입니다.

　잔치를 맡은 사람은 일꾼이 건네 주는 바가지를 들고 한 모금 마셔 봅니다. 그 맛을 음미한 다음, 그는 믿을 수 없다는 표정으로 한 모금 더 마십니다. 그리고 그는 급히 신랑을 부릅니다. 그는 손에 들고 있는 포도주 바가지를 가리키며 말합니다.

　　누구든지 먼저 좋은 포도주를 내놓고, 손님들이 취한 뒤에 덜 좋은 것을 내놓는데, 그대는 이렇게 좋은 포도주를 지금까지 남겨 두었구려!(10절)

이 말에 신랑이 어떻게 반응했는지 오늘 본문은 침묵하고 있지만, 얼마든지 추측할 수 있습니다. 신랑도 어리둥절했을 것입니다. 그 둘은 일꾼을 불러 그 포도주가 어디서 난 것인지 캐물었을 것입니다.

그들이 자초지종을 알고 그 모든 일을 일어나게 한 예수님을 찾아 그분이 머물던 방으로 갔을 때, 그분은 이미 일행과 함께 자취를 감추었을 것입니다. 요한복음을 한 번 주의 깊게 읽어 보시기 바랍니다. 그분에게서 보이는 하나의 행동 패턴이 있습니다. 어떤 이적을 행하고는 사람들이 자신을 주목할 즈음이면 종적을 감추어 버리는 것입니다. 베데스다 연못에서 38년 된 병자를 고쳤을 때도 그랬고, 물고기 두 마리와 빵 다섯 덩이로 오천 명 이상을 먹이신 다음에도 그랬고, 나면서부터 맹인인 사람을 고쳤을 때도 그랬습니다. 언제나 이적을 행하고 나서 사람들이 자신을 주목하려 할 때면, 그분은 종적을 감추었습니다. 그분이 이적을 행한 목적은 자신을 스타로 만들려는 것이 아니었습니다. 그것을 통해 하나님이 하시는 일을 보게 하려는 데 있었습니다.

4

오늘 본문의 11절을 보면 요한복음 기자가 이렇게 기록해 두었습니다.

예수님께서 이 첫 번 표징을 갈릴리 가나에서 행하여 자기의 영광을 드러내시니, 그의 제자들이 그를 믿게 되었다.

여기서 요한복음 기자는 '이적'이나 '기적'이라는 단어 대신에 '표징'(sign)이라는 단어를 사용합니다. 예수께서 물을 포도주로 바꾼 사건은 단순히 놀라운 일(기적)이나 이상한 일(이적)이 아니라, 뭔가 깊은 의미를 담고 있는 사건이라는 뜻입니다. 그러므로 오늘 이 이야기를 읽으면서 우리는 그 의미를 찾아야 합니다.

그러기 위해서 우리는 '잔치'라는 주제에 주목할 필요가 있습니다. 잔치는 우리 각자의 인생을 의미합니다. 한때 미국인들의 마음을 사로잡았던 영화배우 로잘린드 러셀(Rosalind Russell)이 「인생은 잔치다」(Life Is a Banquet)이라는 제목의 책을 냈는데, 그 책의 제목은 확실히 기독교의 진리를 담고 있습니다. 하나님께서는 인생을 잔치가 되도록 만드셨습니다. 그것이 타락하기 이전의 에덴 동산 이야기에서 우리가 읽어야 하는 진리입니다. "나는 천상 시인이다"라고 했던 천상병 시인은 인생을 '소풍'에 비교했습니다. '소풍'이나 '잔치'나 같은 상징입니다. 하나님의 창조 목적과 섭리는 각각의 인생을, 인간 사회를, 그리고 온 우주를 잔치로 만드는 것에 있었습니다.

문제는 그 잔치판이 깨졌다는 데 있습니다. 잔치판을 깬 것은 하나님이 아니라 우리 인간입니다. 저는 어릴 적에 어른들이 잔칫집에서 싸우는 모습을 자주 보았습니다. 잘 차려 놓은 잔칫집에 와서 반가운 사람들과 만나 한참 흥겹게 즐기던 사람들이 얼마 지나지 않아 취기가 오르면서 험한 욕설과 몸싸움을 하며 잔치를 파장 내곤 했습니다. 마찬가지로, 하나님이 차려 놓으신 잔치를 깬 것은 잔치의 주인인 하나님이 아니라 손님으로 초대받은 우리 인간입니다. 우리의 죄로 인해 하나님과의 관계가 깨지고 이웃과의 관계가 깨졌습니다. 그러자 자연과의 관계도 깨졌습니다. 서로 싸워 정복하고 정복당하는 관계가 되어 버렸습니다.

인간의 죄로 인해 하나님께서 벌여 놓으신 잔치판이 깨지자, 우리 인간은 제각기 자신의 손으로 잔치를 차리고 즐기려 했습니다. 하나님께서 벌여 놓으신 잔치는 모두가 참여하고 모두가 행복을 누리는 것이었는데, 이제는 인간들이 서로 각축전을 벌여 강자만이 잔치를 즐기고 약자는 멀리서 그 잔치를 구경만 하는 상황이 벌어졌습니다. 오늘날 우리 모두는 강자가 되기 위해, 그리고 어떻게든 우리의 힘으로 우리의 삶을 잔치로 만들어 보기 위해 분투합니다. 어떤 사람은 돈을 많이 벌어서, 어떤 사람은 출세해서, 어떤 사람은 건강과 미모로, 또 어떤 사람은 학벌과 경력으로 자신의 삶을 잔치로 만들어 보려고 합니다.

이렇게 우리 자신의 힘으로, 우리 자신이 얻을 수 있는 수단으로 만든 잔치에는 두 가지 문제가 있습니다. 첫째, 우리가 무엇으로 잔치를 만들든, 그것은 결국 고갈될 것이라는 사실입니다. 결혼 잔칫집에서 포도주가 떨어져 파장 날 뻔했던 것과 같은 위기가 결국에는 찾아온다는 것입니다. 미모로 잔치를 즐기고 있습니까? 그 미모가 언제까지 가겠습니까? 돈으로 잔치를 즐기고 있습니까? 지난 한두 해 사이에 경험해 보지 않았습니까? 그 돈이 언제든 손가락 사이로 술술 빠져나갈 수도 있다는 것을 말입니다. 권력으로 잔치를 즐기고 있습니까? 그 권력이 언제까지 갈 것 같습니까? 무엇이든 결국 시간의 문제입니다. 결국 우리가 마련한 포도주는 고갈되고 맙니다.

둘째, 설령 죽는 순간까지 우리 손에 남아 있다 해도, 우리 스스로 만든 잔치가 주는 행복은 결국 권태를 불러오거나 우리의 삶을 파국으로 몰고 갑니다. 얼마 전 우리는 타이거 우즈의 몰락에 대한 뉴스를 들었습니다. 그는 자신의 돈과 인기와 체력으로 연일 잔치를 즐겼던 것 같습니다. 하지만 그 잔치에는 만족이 있을 수 없었습니다. 즐기면 즐기는 만큼 권태감도 커졌습니다. 그 권태감을 잊기 위해 다음에는 더 강한 쾌락을 추구했고, 그렇게 하여 결국 파국에 직면하게 된 것입니다. 바로 이것이 우리가 스스로 만들어 낸 잔치의 본질입니다.

5

그러므로 삶의 진실 중에 진실은, 우리가 스스로 차린 잔치는 우리를 진실로 만족시켜 줄 수 없고, 그 잔치는 결국 끝나게 되어 있으며, 그때 우리는 큰 위기를 겪게 되어 있다는 것입니다. 이것이 오늘 우리가 가나의 혼인 잔치 이야기를 통해 깨달아야 하는 진리입니다.

하지만 그것은 오늘 이 이야기를 통해 깨달아야 하는 진리의 반쪽에 불과합니다. 다른 반쪽의 진리를 찾아야 합니다. 예수 그리스도는 잃어버린 잔치, 파장 난 잔치, 파장 날 위기에 있는 잔치를 회복시키기 위해 이 땅에 오셨다는 진리입니다. 하나님께서 의도하셨던 그 에덴을 우리 각자의 삶에, 그리고 우리가 사는 이 세상에 회복시키는 것이 하나님께서 예수 그리스도를 보내신 이유입니다.

오늘 본문에서 잔치 맡은 사람이 신랑에게 한 말을 주목할 필요가 있습니다. 예수께서 만드신 포도주 맛을 보고 그 사람은 신랑에게 이렇게 말합니다.

> 누구든지 먼저 좋은 포도주를 내놓고, 손님들이 취한 뒤에 덜 좋은 것을 내놓는데, 그대는 이렇게 좋은 포도주를 지금까지 남겨 두었구려!(10절)

손님들의 정신이 말짱할 때는 좋은 포도주를 내놓았다가 술에 취해 미각이 둔해지면 그때는 저급 포도주를 내놓는 것이 상례였습니다. 그런데 예수께서 만드신 포도주는 그들이 찾을 수 있는 그 어떤 포도주와도 비교할 수 없을 정도로 맛있는 것이었습니다. 그래서 잔치 맡은 사람이 놀란 것입니다.

이것은 무슨 뜻입니까? 예수 그리스도를 통해 잔치를 회복하면, 그 잔치의 맛은 이전에 즐기던 잔치의 맛과는 비교할 수 없다는 뜻입니다. 예수님이 우리의 삶에 들어오시면, 그분은 어떻게 잔치를 회복시켜 주십니까? 예수 그리스도를 주님으로 영접하면, 우리는 하나님을 되찾게 됩니다. 죄로 인해 하나님과 우리 사이가 막혀 있었는데, 예수 그리스도께서 그 죄의 장막을 벗겨 주십니다. 우리는 예수 그리스도의 십자가 은총을 힘입어 성부 하나님을 '아빠'라고 부르며 그분과 더불어 살아가게 됩니다. 예수 그리스도는 성령을 통해 우리와 함께 계시면서 때로는 친구로, 때로는 변호자로, 때로는 의사로, 때로는 교사로 우리를 인도하십니다. 우리가 영적인 눈을 뜨고 있으면, 언제나 그분과 동행할 수 있습니다. 우리는 그분이 이끄시는 대로 그분을 따라 살아갑니다.

그분이 이끄시는 대로 그분을 따라 살아갈 때, 우리는 평안과 기쁨과 위로와 안식을 경험하게 됩니다. 잔치의 기쁨을 예수 그리스도 안에서 경험하는 것입니다. 때로 그분은 우리를 어렵고 힘든 길로 인도하시기도 합니다. 우리가 원하지 않는 짐을 맡기시기도 합니다. 우리가 원하지 않는 곳으로 데려가서 우리가 생각지도 않은 일을 하게도 하십니다. 때로는 내가 즐기던 것을 포기하게도 하시고, 때로는 내 손에 쥔 것을 포기하게도 하십니다. 하지만 그분을 믿고 묵묵히 순종하고 따를 때, 우리는 그 고난과 희생과 아픔 속에서 마음 깊은 보람과 기쁨을 맛봅니다.

예수 그리스도는 우리 삶에 오셔서 이렇게 에덴을 회복시키십니다. 잃어버렸던 잔치를 회복시켜 주십니다. 그 잔치의 맛은 이전에 즐기던 잔치와는 비교할 수 없습니다. 예수 그리스도께서 만들어 주시는 잔치의 기쁨은 우리를 결코 권태롭게 하지 않습니다. 오히려 깊은 만족을 안겨 줍니다. 예수께서 만들어 주시는 잔치는 결코 끝나지 않습니다. 오히려 갈수록 더 깊어지고 더 충만해집니다. 이 땅에서의 목숨이 끝나고 나면, 이제까지 즐긴 것과는 비교할 수도 없는 잔치가 하나님 나라에 준비되어 있습니다. 그때가 되면, 이 땅에서 예수 그리스도를 통해 맛본 잔치의 맛은 영원한 잔치의 맛을 시음한 것 정도밖에 되지 않는다는 사실을 깨닫게 될 것입니다.

6

사랑하는 성도 여러분, 여러분은 지금 어떻습니까? 다들 어렵다고 하는 지금, 여러분은 어떤 잔치를 즐기고 있습니까? 무엇으로 그 잔치를 마련하셨습니까? 돈으로 하셨습니까? 여러분의 건강과 미모로 잔치를 즐기고 있습니까? 탁월한 능력으로, 인기로, 혹은 권력으로 잔치를 즐기고 있습니까? 든든한 직장으로 인해 혹은 효성 지극한 자식들로 인해 잔치를 즐기고 있습니까?

 자본주의 사회에서 돈은 참으로 유익한 것입니다. 건강한 것도 좋은 것이고, 사람들로부터 호감을 사는 미모를 가진 것도 좋습니다. 능력자로 인정받는 것도 좋은 일이고, 권력을 얻는 것도 좋은 일입니다. 직장이 든든한 것도 감사한 일이고, 자식들이 잘 되는 것도 좋은 일입니다. 여러분이 그 축복을 계속 누릴 수 있기를 기도합니다. 하지만 그것이 여러분을 즐겁게 하는 유일한 요소라면, 그렇다면 필경 장차 위기를 겪게 될 것이라는 점을 기억하기 바랍니다. 여러분의 축복을 시기하여 드리는 말씀이 아닙니다. 너무나도 분명한 진실입니다. 혹시 그 잔치가 좀 더 오래 지속되게 해 달라고 빌기 위해 예배에 온 것은 아니기를 바랍니다. 간절히 기도하기는, 여러분 스스로 마련한 잔치로부터 고개를 돌려 예수 그리스도 안에서 진정한 잔치를 발견하고, 그동안 즐기던 잔칫상을 거두어야 할 때가 오면 기꺼이 그것을 거둘 수 있기를 바랍니다.

여러분 가운데는 가나의 혼인 잔칫집 신랑과 같은 입장에 있는 분들이 있을 것입니다. 경기 침체로 인해 그동안 즐기던 잔치가 끝나 버린, 혹은 곧 끝날 순간에 있는 분들이 있습니까? 갑작스럽게 사랑하는 사람이 떠나 버려서, 혹은 갑작스럽게 건강에 문제가 생겨서, 잔치를 끝내야 할 것 같은 상황에 계십니까? 잘 하던 자식들이 갑자기 문제를 일으켜서, 혹은 든든하던 직장에 문제가 생겨서, 흥청이는 잔칫집 같던 여러분의 삶이 손님들이 모두 떠나 버린 잔칫집처럼 황량하게 되었습니까?

속히 상황이 바뀌어 예전 같은 평안과 번영을 누리시기를 기도합니다. 그러나 상황이 전환되기 전에 해야 할 일이 하나 있습니다. 예수 그리스도를 여러분의 삶에 더 깊이 모셔 들이는 것입니다. 여러분 스스로 만든 잔치로부터 눈을 돌려, 예수께서 만들어 주시는 잔치에 집중하는 것입니다. 예수 그리스도 안에 깊이 뿌리를 내리고 영의 눈을 떠서 하나님 나라를 보고 성령의 임재를 보기 바랍니다. 그분의 임재 안에서 평안과 위로와 성취를 맛보기 바랍니다. 그분의 능력 안에서 회복을 맛보기 바랍니다. 그 잔칫상을 보고 그 맛을 본다면, 지금까지 붙들고 있던 잔칫상을 기꺼이 기쁨으로 물릴 수 있을 것입니다.

혹시 여러분 중에 그동안 남들이 즐기는 잔치를 구경만 했다 싶은 분들도 계십니까? 세상 사람들이 다 무엇인가를 쟁취하여 각기 잔칫상을 차리는 동안, 한 번도 뭔가 가져 본 적이 없어 잔치다 싶은 삶을 살아 본 일이 없습니까? 혹은 한때는 보란 듯 잔치를 차리고 즐긴 적이 있는데, 이제는 다 옛일이 되어 버리고, 그런 시절이 다시 오지 않을 것 같아 갑갑하기만 합니까?

그렇다면 오늘의 말씀을 더 깊이 들여다보기 바랍니다. 그리고 예수 그리스도 안에서 영원한 잔치, 결코 고갈되지 않는 기쁨을 찾으시기 바랍니다. 예수 그리스도께서는 여러분의 삶에 잔치를 회복시키기 원하십니다. 그분에게는 그럴 능력이 있습니다. 마리아처럼 그분을 믿으시기 바랍니다. 그분을 의지하기 바랍니다. 그분이 무엇을 어떻게 하실지 모르지만, 그분이 하시는 대로 따를 준비를 하면 됩니다. 그러면 결코 끝나지 않는 잔치를 예수 그리스도 안에서 발견하게 될 것이고, 그 평안과 기쁨의 능력으로 여러분의 삶의 조건을 변화시킬 수 있을 것입니다.

7

예수 그리스도와 상관 없이 차린 잔치는 결국 끝나게 되어 있습니다. 끝나지 않으면, 그 잔치의 즐거움에 결국 질리게 되어 있습니다. 질리지 않으면, 더 큰 쾌락을 추구하다가 결국 파국을 맞게 됩니다. 예수 그리스도, 그분을 우리 집에 모셔 들여야 합니다. 그분이 베풀어 주시는 신령한 잔치를 볼 수 있어야 합니다. 그 맛을 알아야 합니다. 그분 안에서 만족과 행복을 찾을 수 있어야 합니다. 그럴 때에야 우리는 이 세상의 물질로부터 해방될 수 있습니다.

예수께서 베풀어 주시는 잔치를 맛보지 못하면, 돈이 절대가 됩니다. 명예가, 권력이, 인기가, 건강이, 자식이 절대가 됩니다. 그것이 없이는 잔치가 계속될 수 없다고 믿기에 그것에 집착합니다. 그리고 결국 그것 때문에 망합니다. 반면, 예수께서 베풀어 주시는 잔치를 맛본 사람에게는 그 모든 것이 상대화됩니다. 돈이, 명예가, 권력이, 인기가, 건강이, 자식이 있으면 감사하고 좋지만, 없다고 해서 "내 인생은 끝났다!"고 탄식하거나 절망하지 않습니다. 그렇기 때문에 있으면 선한 뜻을 위해 사용하고, 없으면 없는 대로 하나님의 은혜 안에서 기쁘게 살아갑니다.

사랑하는 성도 여러분, 진실이 이렇다면, 우리 집에 예수 그리스도를 더 깊이 모셔 들입시다. 그분 안에 더 깊이 뿌리를 내립시다. 하나님께서는 우리에게 잔칫상을 차려 주기를 원하십니다. 시편 23편 5절에서 다윗이 고백합니다. "주님께서는, 내 원수들이 보는 앞에서 내게 잔칫상을 차려 주시고." 그렇습니다. 하나님께서는 이 세상의 상황이 어떻든 상관 없이 항상 잔치를 즐기는 삶을 우리에게 원하십니다. 예수 그리스도께서 그렇게 사셨고, 우리에게도 그러한 삶을 약속하셨습니다. 그리고 성령을 통해 오늘도 우리를 잔치의 삶으로 인도하십니다.

그 잔치의 맛은 우리로 하여금 번영과 성공 속에서도 부패하지 않게 하고, 고난과 역경 속에서도 짓눌리지 않게 합니다. 그 잔치는 더 치열하게 경쟁하고 더 많이 얻어서 되는 것이 아니라, 삶의 방향을 바꾸고 하나님 나라를 발견함으로써 얻게 되는 것입니다. 우리가 예수 그리스도 안에서 진정한 잔치를 발견할 때, 우리는 비로소 싸움터 같은 이 세상을 잔칫집처럼 변화시킬 수 있게 됩니다. 예수 그리스도 안에서 내가 진정한 잔치를 누릴 때, 나로 인해 내 가정도 잔칫집처럼 변해 갈 것이고, 내 교회도 그렇게 될 것이며, 내가 속한 직장과 사회도 그렇게 변화될 것입니다.

성부, 성자, 성령, 삼위일체 하나님의 은총이 저와 여러분에게 참다운 잔치의 삶을 누리게 해 주시기를, 그리하여 참된 잔치의 기쁨을 이웃에게 전염시킬 수 있게 되기를 간절히 기원합니다.

잔치의 주인이신 주님,
저희 마음에 오소서.
저희 가정에 오소서.
저희 직장에 오소서.
저희 나라에 오소서.
오셔서,
저희끼리 배설한 잔치를 끝내게 하시고
주님의 잔치를 즐기게 하소서.
그 잔치의 기쁨을 마음에 품고
저희가 속한 공동체를 잔칫집처럼 변화시킬 수 있도록
저희를 도우소서.
아멘.

# 2 예수의 은밀한 혁명

유대 사람의 유월절이 가까워져서, 예수께서 예루살렘으로 올라가셨다. 그는 성전 뜰에서, 소와 양과 비둘기를 파는 사람들과 돈 바꾸어 주는 사람들이 앉아 있는 것을 보시고, 노끈으로 채찍을 만들어 양과 소와 함께 그들을 모두 성전에서 내쫓으시고, 돈 바꾸어 주는 사람들의 돈을 쏟아 버리시고, 상을 둘러 엎으셨다. 비둘기 파는 사람들에게는 "이것을 걷어치워라. 내 아버지의 집을 장사하는 집으로 만들지 말아라" 하고 말씀하셨다. 제자들은 '주님의 집을 생각하는 열정이 나를 삼킬 것이다' 하고 기록한 성경 말씀을 기억하였다. 유대 사람들이 예수께 물었다. "당신이 이런 일을 하다니, 무슨 표징을 우리에게 보여 주겠소?" 예수께서 그들에게 말씀하셨다. "이 성전을 허물어라. 그러면 내가 사흘 만에 다시 세우겠다." 그러자 유대 사람들이 말하였다. "이 성전을 짓는 데에 마흔여섯 해나 걸렸는데, 이것을 사흘 만에 세우겠다구요?" 그러나 예수께서 성전이라고 하신 것은 자기 몸을 두고 하신 말씀이었다. 제자들은, 예수께서 죽은 사람들 가운데서 살아나신 뒤에야, 그가 말씀하신 것을 기억하고서, 성경 말씀과 예수께서 하신 말씀을 믿게 되었다.

요한복음 2:13-22

## 성전은 없다, 천하가 성전이다

1

앞 장에서 우리는 갈릴리 가나에서 있었던 결혼 잔치 이야기를 읽고 물을 포도주로 만든 표징의 의미에 대해 생각해 보았습니다. 제가 교회에서 그 말씀을 전하자, 최근에 큰 어려움을 당한 교우 한 분이 기도 부탁을 해 오셨습니다. 그분을 위해 간절히 기도하기를 마치자, 그분이 눈물을 훔치시며 그러셨습니다. "그래도 괜찮아요. 너무 걱정하지 마세요. 잔치는 끝나지 않았으니까요!" 그렇습니다. 그분처럼, 여러분 모두 예수 그리스도께서 우리에게 베풀어 주신 영적 잔치를 발견하고 그 맛을 맛봄으로, 어떤 경우에도 우리의 잔치는 끝나지 않을 것이라는 사실을 발견하시기를 바랍니다.

가나의 혼인 잔치 이야기에서 놓치지 말아야 할 대목이 하나 더 있습니다. 예수께서 여섯 개의 물항아리를 모두 포도주 항아리로 바꾸셨을 때, 신랑과 잔치를 맡은 사람은 뛸 듯이 기뻐했을 것입니다. 파장 날 뻔했던 잔치를 계속할 수 있었기 때문입니다. 하지만 율법을 글자 그대로 지키는 일에 목숨을 걸었던 유대인들은 잠시 난처해졌을 것입니다. 준비된 물이 모두 포도주로 변했으니 손을 씻는 정결 예식을 행할 수 없게 되었기 때문입니다. 그들에게는 포도주가 떨어졌다는 사실보다 정결 예식을 행할 물이 없다는 것이 더 큰 문제로 보였을 것입니다.

물론, 신랑은 급히 종들을 시켜서 임시 물항아리를 마련했을 것이고, 손님들은 그 물로 손을 씻고 잔치를 즐겼을 것입니다. 하지만 잔치의 분위기는 크게 달라졌습니다. 그 일이 있기 전까지 잔칫집의 중심에는 율법을 준수하도록 마련된 물항아리 여섯 동이가 있었습니다. 하지만 이제 그 물항아리는 모두 포도주 항아리가 되었습니다. 율법을 준수하기 위해 마련된 임시 물통은 잔칫집의 가장자리에 놓이게 되었습니다.

여기서 우리는 예수께서 던지신 또 다른, 아주 은밀한 표징을 읽어야 합니다. 예수님은 율법 중심의 유대교 신앙에 대해 은밀하지만 혁명적인 음모를 진행하고 계셨던 것입니다. 가나의 잔칫집에 있던 사람들 대부분이 새로운 포도주 맛을 즐기고 있었지만, 볼 눈이 있는 사람들은 나사렛 청년 예수로 인해 시작된 그 은밀한 혁명의 기운을 감지했을 것입니다. 그것은 유대교 종교 체제를 수호하려는 사람들에게는 매우 불길하고 기분 나쁜 징조였고, 율법주의 아래서 신음하며 새로운 영성의 출현을 기대하던 사람들에게는 가슴 설레는 은밀한 혁명이었습니다.

2

오늘 우리는 예수께서 예루살렘 성전에서 일으키신 소동에 대해 읽었습니다. 이 이야기는 예수께서 시작하신 영적 음모의 또 다른 차원을 우리에게 보여줍니다. 이 두 가지 사건을 함께 생각하지 않으면 그 은밀한 영적 음모를 알아차리기 어렵습니다.

13절에 보니, 그때는 유대인들의 최대 명절인 유월절이었습니다. 우리의 기념일에 빗댄다면 광복절 혹은 미국의 독립선언 기념일과 맞먹는 유월절 축제 때는, 세계 각지로부터 순례객들이 예루살렘 성전으로 모여들었습니다. 성전 뜰에는 제물로 바칠 짐승을 파는 상인들과 돈을 바꾸어 주는 환전상들이 있었는데, 그들은 유월절 특수를 즐기고 있었습니다. 당시에는 성전 제사에 쓸 짐승은 반드시 성전에서 구입해야 했습니다. 집에서 기르던 짐승을 가져오면 제사장들이 흠을 잡아서 퇴짜를 놓았기 때문입니다. 로마 제국의 여러 도시에서 살다가 온 순례객들은 성전에 헌금을 드리기 위해 환전상에게 돈을 바꾸어야 했습니다. 로마 화폐에는 황제의 초상이나 신상이 새겨져 있었기 때문에 헌금으로 드릴 수 없다고, 제사장들이 규정해 두었기 때문입니다.

예수께서는 부산하게 사고 파는 광경을 지켜보고 계시다가 일대 소란을 일으키십니다. 예수님의 행동을 '소란'이라고 표현해서 죄송하지만, 로마 군인들이나 유대인 지도자들이 볼 때 그것은 말 그대로 '소란'이었습니다. 그분은 노끈으로 채찍을 만들어 성전 뜰에

매여 있던 양들과 소들을 쫓아내시고, 장사하는 사람들을 위협하여 흩으셨고, 돈 바꾸는 사람들이 사용하던 탁자를 둘러엎으셨습니다. 비둘기를 파는 사람들에게는 조금 유하게 대하셨는데, 그들은 환전상이나 소와 양을 파는 상인들에 비해 영세한 상인들이었기 때문입니다. 그들에게는 말로 타일렀습니다. "이것을 걷어치워라. 내 아버지의 집을 장사하는 집으로 만들지 말아라"(16절).

여기서 우리는, "예수께서 왜 이 같은 소동을 일으키셨을까?"를 물어야 합니다. 이 소동을 '개혁자적 의도'로 해석하는 경향이 있었습니다. 부패한 성전 체제를 개혁하려는 행동이었다는 것입니다. 실로 당시의 성전은 썩을 대로 썩어 있었습니다. 성전 뜰에서 장사하는 사람들과 환전상들은 성전을 지배하는 제사장들과 뒷거래를 하여 백성을 속이고 부정한 이득을 취했습니다. 이것은 마땅히 개혁되어야 할 일이었습니다. 예수님도 그 부정과 비리에 환멸을 느끼셨을 것입니다. 하지만 만일 그것이 의도였다면, 예수님은 혈기를 통제하지 못해 좌충우돌하면서 일을 그르친 꼴이 되고 맙니다. 개혁이 그분의 의도였다면, 그분은 달리 행동했을 것입니다.

예수님은 이 소동을 통해 성전이 장차 어떻게 될 것인지를 몸으로 예고하신 것입니다. 성전 뜰에서 짐승을 파는 사람들을 모두 쫓아내면 성전 제사는 즉각 중단되고 맙니다. 로마 화폐를 성전용 쿠폰으로 바꾸어 주는 환전상들이 없어지면, 성전의 헌금궤는 텅 비게 됩니다. 그렇게 되면 성전이 그때까지 행하던 가장 중요한 기능, 곧 제사 드리는 기능이 중지됩니다. 성전이 제 기능을 하지 못하게 되는 것입니다. 예수께서는 바로 그것을 의도하신 것입니다. 지금 당장 제 기능을 하지 못하게 하려는 것이 아니라, 장차 하나님의 심판을 받아 그렇게 될 것임을 예언한 것입니다. 그러므로 예수님이 전하려는 은밀한 메시지는 다음과 같은 것이었습니다.

"성전 제사는 이제 무효입니다! 성전은 이제 더 이상 효력이 없습니다! 이곳에서 제사 드려 봐야 하나님께서 받지 않으십니다! 순례객들이여, 여러분은 헛수고를 했습니다. 여기까지 올 필요가 없었습니다. 이 따위 짐승 제사를 드려 봐야 아무 소용이 없습니다. 성전은 이제 끝났습니다. 이제 곧 하나님의 심판을 받아 폐허가 될 것입니다."

유대인들 중에도 볼 눈이 있고 들을 귀가 있는 사람들이 있었습니다. 그들은 예수께서 몸짓으로 전달하려는 메시지를 알아챘지만, 도대체 그 말을 하는 예수가 누구인지 알 수가 없었습니다. 그래서 이렇게 묻습니다. "당신이 이런 일을 하다니, 무슨 표징을 우리에게 보여 주겠소?"(18절) 그러자 예수께서 이렇게 답하십니다. "이 성전을 허물어라. 그러면 내가 사흘 만에 다시 세우겠다"(19절). 이 말을 듣고 유대인들은 어이가 없었습니다. 그래서 이렇게 반문합니다. "이 성전을 짓는 데에 마흔여섯 해나 걸렸는데, 이것을 사흘 만에 세우겠다구요?"(20절)

3

아마도 이 지점에서 유대인들은 더 이상 대화를 지속할 엄두가 나지 않았을 것입니다. 도대체 앞뒤가 닿아야 말을 계속할 것 아닙니까? 분명 제정신인 것 같은데, 하는 말은 제정신이 아닌 것 같으니, 그런 사람과 어떻게 말씨름을 계속하겠습니까? 그들은 어깨를 으쓱하고는 그 자리를 떠나갔을 것입니다. 예수님도 더 이상의 소동을 벌이지 않고 그 자리를 떠났고, 그러자 쫓겨 갔던 상인들과 환전상들이 슬금슬금 제자리로 돌아와 다시 장사판을 폈을 것입니다.

다행히 이 사건과 대화를 제자들은 기억하고 있었습니다. 그들도 그 자리에서는 예수님이 무슨 말씀을 하는지, 전혀 알지 못했습니다. 그들이 이 사건과 대화를 기억해 낸 것은 예수께서 부활하신 뒤의 일이었습니다. 십자가에 달려 돌아가셨던 예수께서 사흘 만에 죽은 자 가운데서 살아나시자, 제자들은 "이 성전을 허물어라. 그러면 내가 사흘 만에 다시 세우겠다"고 하신 말씀을 기억해 냈습니다. 그제야 그들은 깨달았습니다. "아, 예수께서 사흘 만에 세우겠다고 하셨던 그 성전은 바로 당신 자신을 두고 하신 말씀이었구나! 이제 성전은 무효가 되었고, 부활하신 예수께서 우리에게 성전이 되셨구나!"

가나의 혼인 잔치 자리에서 물항아리를 포도주 항아리로 바꾸어 놓으심으로써 율법을 가장자리로 치워 내신 예수님이, 이번에는 성전에서 장사하는 사람들과 돈 바꾸는 사람들을 몰아내심으로써 유대인들의 신앙 중심에 서 있던 성전을 치워 내실 것을 예고하셨습니다. 유대인들이 볼 때, 이것은 실로 엄청난 음모였습니다. 유대인들은 세 가지를 하나님의 선민의 증거로 여겼는데, 그 하나는 '율법'이요 다른 하나는 '약속의 땅'이며 또 하나는 '예루살렘 성전'이었습니다. 약속의 땅은 로마에게 주권을 빼앗김으로 이미 상실하고 말았습니다. 그런데 예수께서는 남은 두 가지마저 치워질 것이라는 불길한 징조를 보여 주십니다.

예수 그리스도는 자신의 전 생애를 통해 이 은밀한 음모를 하나하나 수행해 가셨습니다. 들을 귀가 있고 볼 눈이 있던 유대인들은 이 음모를 알아차렸으나, 그렇다고 당장 그분을 잡아넣을 정도로 딱히 드러난 것이 없었습니다. 이것이 그들을 안절부절못하게 했습니다. 나사렛 예수를 통해 장차 유대교 전체를 뒤집어엎을 만한 모종의 음모가 진행되고 있음이 분명한데, 그분을 잡아넣을 만한 구실을 찾을 수 없었습니다. 그 영적 음모는 갈릴리에서부터 드러나지 않게 천천히, 그러나 아주 확실하게 진행되고 있었습니다.

초조해진 유대인들은 마침내 예수를 잡아넣을 구실을 찾았고, 그것을 빌미로 예수님을 십자가에 못 박아 처형했습니다. 그가 십자가에 달려 죽임을 당했을 때, 유대인 지도자들은 그 기분 나쁘고 불길한 음모를 중단시킨 것으로 인해 축배를 들었을 것입니다. 하지만 하나님께서는 예수 그리스도를 죽은 자 가운데서 살리셔서 그 영적 음모를 완성하셨습니다. 부활하신 예수 그리스도를 통해 새로운 종교, 새로운 영성이 시작된 것입니다.

누구든지 부활하신 예수 그리스도를 주님으로 영접하면, 그분의 십자가 공로로 죄 사함을 받고, 그분의 성령의 능력으로 새로움을 얻는 새로운 종교가 시작된 것입니다. 이제 더 이상 율법이 필요 없게 되었고, 성전에서 제사 드릴 필요도 없게 되었습니다. 예수 그리스도를 통해 우리는 율법을 통해 이루려던 것보다 더 큰 의를 이룰 수 있게 되었고, 성전을 통해 얻을 수 있는 은혜보다 더 큰 은혜를 입게 되었습니다. 예수님의 영적 음모는 '율법의 종교'(religion of law)를 밀어내고 '은혜의 종교'(religion of grace)가 그 자리에 들어오게 하려는 것이었습니다.

4

우리는 예수 그리스도의 죽음과 부활을 통해 시작된 이 '은혜의 종교'를 믿는 사람들입니다. 예수 그리스도는 율법의 종교를 끝내고 은혜의 종교를 시작하기 위해 자신의 생명을 바치셨습니다. 바울 사도는 은혜의 종교를 지켜 내기 위해 율법의 종교와 피나는 싸움을 했습니다. 그런데 지난 2천 년의 역사를 거쳐 오면서, 기독교 신앙이 얼마나 자주 율법의 신앙으로 전락했는지요! 그로 인해, 얼마나 많은 사람들이 율법의 종교로 타락한 기독교 신앙을 은혜의 종교로 되돌리기 위해 생명을 바쳤는지요! 마르틴 루터(Martin Luther)가 그런 사람이요, 존 웨슬리(John Wesley)가 그런 사람이며, 조나단 에드워드(Jonathan Edwards) 또한 그런 사람이었습니다.

이 문제는 아직도 해결되지 않았습니다. 우리 가운데 은혜의 종교를 믿는다고는 하지만 율법의 종교에 노예가 되어 있는 사람들이 적지 않습니다. 아니, 은혜의 종교를 믿는다고 자신하는 사람들조차도 자세히 분석해 보면 율법의 종교 요소를 버리지 못하고 있는 경우가 적지 않습니다. 그중 가장 대표적인 예가 '교회'나 '예배당'을 '성전'이라고 부르는 데서 드러납니다. 예배당을 성전이라고 부르는 것은 그리스도인들 사이에 너무나 보편화되어 있기 때문에 그것을 문제시하는 것이 오히려 이상하게 느껴질 것입니다. 하지만 이것은 신학적으로, 신앙적으로 매우 중요한 문제입니다.

성가대가 부르는 묵도송 중에 제가 거북하게 느끼는 노래가 하나 있습니다. 많은 성가대가 애창하는 찬송인데, 그 가사는 이렇습니다. "주는 성전에 계시니, 주 앞에서 잠잠해." 사실, 이 가사는 구약성경 하박국서 2장 20절 말씀에 기초한 것입니다. 새번역에는 이렇게 되어 있습니다. "나 주가 거룩한 성전에 있다. 온 땅은 내 앞에서 잠잠하여라." 그러니 성경에 나와 있는 말씀을 빌려 찬송을 하는데, 뭐가 잘못되었느냐고 따지실 분이 있을지 모르겠습니다.

문제가 없지 않습니다. 우선, 저는 이 묵도송의 가사가 이렇게 들립니다. "주는 성전에 계시니, 주 앞에서 입 닥쳐!" 뭔가 억압적이고 강압적인 분위기를 강하게 느낍니다. 하지만 더 큰 문제가 있습니다. 이 묵도송을 들으면서 회중은 무의식중에 이렇게 생각하기 쉽습니다. '그래, 이곳은 하나님의 거룩한 성전이니, 하나님께서 이곳에 계시지. 그러니 마음의 매무새를 고치고 신령과 진정으로 예배를 드려야지!' 여기까지는 좋습니다. 하지만 이 논리를 계속 연장시키면 어떻게 됩니까? 예배 드리고 예배당 문을 나서면서 '이제 성전을 떠나간다. 이제 하나님과 멀어진다'는 생각을 하기 쉽다는 것입니다. 의식적으로 그렇게 생각하는 사람은 없겠지만, 무의식중에 그렇게 행동합니다. 여기에는 적어도 두 가지의 문제가 있습니다.

첫째, 예배당을 우상으로 만드는 문제입니다. 예배당은 하나님께 예배 드리는 목적을 위해 성별되었다는 점에서 다른 건물과 차이가 있습니다. 그러므로 예배당 안에서 거룩한 분위기를 느낄 수 있도록 예배당을 정갈하고 아름답게 유지해야 합니다. 그런 점에서 저는 저희 교회 예배당을 좋아합니다. 주차장에 들어서는 순간, 예배당에 들어서는 순간, 이 세상과는 다른 곳에 와 있다는 느낌을 갖게 됩니다. 자리에 앉는 순간, 하나님께 집중할 수 있습니다. 이렇게 예배당을 예배당답게 마련하고 유지하는 것은 참으로 중요한 일입니다. 이 일을 위해 애쓰시는 모든 봉사자 분들께 깊은 감사를 드립니다. 그런데 이것이 지나치면, 건물인 예배당을 '성전'으로, 예배당에 있는 물건들을 '성물'로 신성화하는 잘못에 빠지기 쉽습니다. 예배당은 건물 자체의 어떤 속성 때문이 아니라, 거룩한 목적을 위해 사용되기 때문에 거룩한 것입니다. 그 차이를 구분하지 못하면 우상 숭배로 전락하게 됩니다.

둘째, 하나님을 예배당 안에 가두는 잘못을 범하기 쉽습니다. 물론 하나님은 우리가 예배당 안에 가둔다 해서 갇히시는 분이 아닙니다. 솔로몬 왕이 예루살렘 성전을 지어 봉헌할 때 드린 기도를 기억하십니까?

> 하나님, 하나님께서 땅 위에 계시기를,
> 우리가 어찌 바라겠습니까?
> 저 하늘,
> 저 하늘 위의 하늘이라도 주님을 모시기에 부족할 터인데,
> 제가 지은 이 성전이야 더 말하여 무엇 하겠습니까?(왕상 8:27)

얼마나 옳은 말입니까? 만일 우리가 하나님을 예배당 안에 가두려 한다면, 우리가 섬기는 분은 더 이상 살아 계신 창조주 하나님이 아니라 우상이 되어 버립니다. 우리 스스로 우상을 만들어 예배당 안에 세워 놓고는 '하나님'이라는 이름을 붙이는 것입니다. 창조주 하나님은 온 세상에 충만하시며, 어디에나 계십니다. 그 옛날 다윗이 하나님의 신비를 잠시 꿰뚫어 보고 이렇게 노래한 적이 있습니다.

> 내가 주님의 영을 피해서 어디로 가며,
> 주님의 얼굴을 피해서 어디로 도망치겠습니까?
> 내가 하늘로 올라가더라도 주님께서는 거기 계시고,
> 스올에다 자리를 펴더라도 주님은 거기에도 계십니다.
> 내가 저 동녘 너머로 날아가거나,
> 바다 끝 서쪽으로 가서 거기에 머무를지라도,
> 거기에서도 주님의 손이 나를 인도하여 주시고,

예수의 은밀한 혁명

주님의 오른손이 나를 힘 있게 붙들어 주십니다(시 139:7-10).

우리가 믿는 하나님은 이런 하나님입니다. 한 장소에 가두어 둘 수 없고, 사람에 의해 감금되지도 않는 분입니다. 우리가 하나님에 대해 눈을 감고 '없다!'라고 생각하니 그렇지, 영의 눈을 뜨고 보면 창조주 하나님은 어디에나 계십니다. 예배당에도 계시고, 우리 집에도 계시며, 직장에도 계십니다. 아이티의 참혹한 지진 피해 현장에도 계시고, 청와대 회의실에도 계십니다. 참혹한 테러를 모의하고 있는 지하 밀실에도 계시고, 바다 밑 잠수함 안에도 계십니다. 다윗의 고백처럼, 지옥(스올)의 가장 밑바닥에도 그분은 계시며, 천국의 가장 높은 자리에도 그분은 계십니다.

5

따라서 이 땅에 성전을 다시 세우고 싶어 하는 것은 타락한 인간의 불순한 음모라고 할 수 있습니다. 온 우주에 충만한 그분의 임재를 부정하고, 안방 깊은 곳까지 임하는 그분의 통치권을 부정하려는 음모입니다. 예배당을 성전이라 부르는 것은 우리의 '영적 편의주의'(spiritual opportunism)입니다. 하나님을 한 장소에 가두어 놓고 필요할 때마다 방문하여 불편한 양심을 다독거리려는 심산입니다. 이 땅에 성전을 다시 세우는 것은, 예수 그리스도의 성육신과 그분의 생애와 가르침 그리고 십자가에서의 죽음과 부활을 모두 무효화시키는 것입니다. 예수 그리스도께서 십자가에 달리시면서까지 이루어 놓으신 영적 혁명을 수포로 돌아가게 만드는 일입니다.

사랑하는 성도 여러분, 예수 그리스도께서 생명을 바쳐 허물어뜨린 성전을 다시 세우지 맙시다. 우리가 모이는 이 건물은 예배당이지 성전이 아닙니다. 제발, 예배당을 '성전'이라고 부르지 맙시다. 예배당을 건축할 때, '성전 건축'이라는 말을 사용하지 맙시다. '성전 건축'이라고 하면 건축헌금이 더 많이 모아질지는 모르지만, 그보다 더 큰 것을 잃어버릴 수 있습니다. 예수 그리스도를 주님으로 섬긴다는 우리가 그분이 무너뜨린 성전을 다시 세운다면, 우리는 그분을 주님으로 섬기는 것이 아닙니다.

과연 여러분은 살아 계신 하나님께 자신을 활짝 열고 그분의 다스림을 받아 살아가기를 원하십니까? 아마도 이 질문에 아직 준비가 되어 있지 않은 분들이 계실 것입니다. 적지 않은 분들이 하나님을 완전히 떠나기를 원하지도 않지만, 완전히 붙들리고 싶어 하지도 않습니다. 그런 분들에게는 율법의 종교가 딱입니다. 성전 종교가 아주 편합니다. 그 편의를 위해, 예수께서 허무신 성전을 다시 세우고 싶어 할지 모릅니다. 하나님과 적당한 거리를 유지한 채, 내가 필요할 때만 잠시 만나고 헤어지면 되기 때문입니다. 하지만 그 종교에는 희망이 없습니다. 그런 종교는 죄로 인해 불편한 양심을 때때로 위로해 줄 뿐입니다.

예수께서 우리에게 열어 놓으신 은혜의 종교에 진정한 희망이 있습니다. 하나님에게 열려 있되 완전히, 속속들이, 구석구석 열려 있는 삶에 희망이 있습니다. 주일에만 하나님을 만나는 것이 아니라, 매일, 매 순간, 언제나, 늘, 끊임없이 하나님과 교제하는 은혜의 종교에 진정한 희망이 있습니다. 한 장소에서만 하나님을 만나는 것이 아니라 언제 어디서나 하나님과 동행할 수 있는 은혜의 종교에 희망이 있습니다. 예수 그리스도는 죽은 자 가운데서 부활하심으로 우리에게 그 길을 열어 주셨습니다. 그것이 예수께서 완성하신 영적 혁명이요 영적 음모였습니다.

그러므로 부활하신 예수 그리스도 안에 굳게 뿌리를 내립시다. 바울 사도가 사용한 표현을 빌리자면, '예수 그리스도 안에 진을 치고 주둔합시다.' 결코 그분의 임재에서 벗어나지 않도록 합시다. 그렇게 되면, 우리 몸이 성전이 됩니다. 바울 사도가 이렇게 말한 적이 있습니다.

여러분의 몸은 여러분 안에 계신 성령의 성전이라는 것을 알지 못합니까? 여러분은 성령을 하나님으로부터 받아서 모시고 있습니다. 여러분은 여러분 자신의 것이 아닙니다. 여러분은 하나님께서 값을 치르고 사들인 사람입니다. 그러므로 여러분의 몸으로 하나님을 영화롭게 하십시오(고전 6:19-20).

그것만이 아닙니다. 우리가 예수 그리스도 안에 견고하게 머물러 있으면, 어디를 가든 우리가 있는 그곳이 성전이 됩니다. 성전은 하나님과 만나는 곳입니다. 예수 그리스도를 통해 늘 하나님과 동행하니, 어디를 가든 우리가 가는 곳이 성전입니다. 예수께서는 한곳에 세워져 있던 성전을 허물어 버리고 영적인 성전을 세우심으로 우리가 어디를 가든 성전 안에서 살 수 있는 길을 마련하셨습니다. 성령을 통해 예수 그리스도와 늘 동행하면, 우리는 어디를 가든, 무엇을 하든, 어떤 상황에 있든 하나님의 사랑의 다스림 아래 살 수 있습니다.

6

그러나 오해는 하지 마시기 바랍니다. 언제 어디서든 예수 그리스도와 동행하면 그곳이 성전이니, 교회로 모일 필요도 없고 나 홀로 주님만 섬기면 된다고 비약하지 마시기 바랍니다. 아닙니다. 하나님께서는 한 사람 한 사람을 불러내어 하나의 '백성'을 이루게 하십니다. 한 사람 한 사람을 지체로 만들어 하나의 '몸'을 이루게 하십니다. 한 사람 한 사람을 벽돌로 만들어 하나의 '성전'을 이루게 하십니다. 하나님의 종교에서 모이는 것은 필수입니다. 교회로 모이고, 속회(구역예배)로 모이고, 기도회로 모이고, 봉사회로 모여야 합니다. 그 모임이 바로 성전이 됩니다. 그렇게 모이고 흩어지기를 반복하면서 영적으로 성장해 가는 것입니다.

　예수께서 완성하신 이 영적 음모는, 우리의 삶을 잔치로 변화시키기 위한 것이었습니다. 예수께서 시작하신 은혜의 종교는 삶을 잔치로, 축제로 만들자는 것입니다. 율법의 종교는 우리의 삶을 장례

식으로 만듭니다. 그래서 "주는 성전에 계시니, 주 앞에서 입 닥쳐!"라고 호통을 치는 것입니다. 하지만 예수께서 우리에게 기대하시는 것은 하나님의 사랑 안에서 기뻐 뛰며 축하하고 찬송하는 것입니다. 하나님 앞에서 즐거워하라는 것입니다. 하나님의 나라가 이미 우리 안에 있고, 하나님의 구원이 이미 우리에게 임했기 때문입니다. 부활하신 예수 그리스도 안에 견고히 뿌리를 두고 살면, 언제나 그 은혜와 사랑을 누릴 수 있기 때문입니다.

사랑하는 성도 여러분, 이 은혜의 종교를 결코 놓지 맙시다. 이 은혜의 종교를 더욱 배웁시다. 이 은혜를 더욱 깊이 체험합시다. 부활하신 주님 안에 깊이 뿌리를 내려 은혜의 실상을 경험합시다. 그리하여 언제 어디서나 성전으로 살고, 가는 곳마다 성전으로 변모시키는 능력을 얻읍시다. 예수 그리스도 안에서 우리의 잔치는 결코 끝나지 않을 것입니다. 우리로 인해, 초상집 같았던 이 세상이 잔칫집으로 변화될 것입니다.

주님,
저희 안에 더 깊이 오소서.
주님 모심으로
저희 존재가 성전이 되게 하시며,
주님 모심으로
저희가 가는 곳마다 성전이 되게 하소서.
저희 영혼이 무뎌질 때마다 깨우쳐 주시어

저희가 주님 안에 있음을 알게 하시고,
주님의 다스림에 저희를 맡기게 하소서.
그것이 진정한 혁명이며,
그것이 진정한 희망임을 믿습니다.
주님,
저희를 잡으시고 다스리소서.
아멘.

# 3 제사가 아니다

예수께서 그들에게 말씀하셨다. "이 성전을 허물어라. 그러면 내가 사흘 만에 다시 세우겠다." 요한복음 2:19

그러므로 형제자매 여러분, 우리는 예수의 피를 힘입어서 담대하게 지성소에 들어가게 되었습니다. 예수께서는 휘장을 뚫고 우리에게 새로운 살 길을 열어 주셨습니다. 그런데 그 휘장은 곧 그의 육체입니다. 그리고 우리에게는 하나님의 집을 다스리시는 위대한 제사장이 계십니다. 그러니 우리는 확고한 믿음을 가지고, 참된 마음으로 하나님께 나아갑시다. 우리는 마음에다 예수의 피를 뿌려서 죄책감에서 벗어나고, 맑은 물로 몸을 깨끗이 씻었습니다. 또 우리에게 약속하신 분은 신실하시니, 우리는 흔들리지 말고, 우리가 고백하는 그 소망을 굳게 지킵시다. 히브리서 10:19-23

## 제사는 없다, 예배만 있다

1

앞의 두 장에서 우리는 '가나의 혼인 잔치' 이야기(요 2:1-11)와 '예루살렘 성전에서의 소동' 이야기(요 2:12-22절)를 읽고, 예수님의 활동 속에서 은밀하게 시작된 영적 음모에 대해 말씀을 나누었습니다. 가나의 혼인 잔치에서 예수님은 물을 포도주로 바꾸심으로써 장차 율법이 하나님 나라 안에서 가장자리로 밀려날 것을 예고하셨습니다. 또한 성전에서의 소동을 통해 예수님은 장차 성전이 구원의 장소로서의 효력을 잃어버릴 것임을 예고하셨습니다. '율법의 종교'가 밀려나고 '은혜의 종교'가 그 자리에 들어설 것을 암시하신 것입니다.

예수께서 성전에서 일으키신 소동에 대해 말씀드리면서, '예배당'(chapel)을 '성전'(temple)이라고 부르는 일을 삼가자고 제안했습니다. 예수께서는 십자가에 달려 돌아가셨다가 사흘 만에 부활하심으로 '보이는 성전'을 무효로 만드시고 친히 '보이지 않는 성전'이 되셨습니다. 따라서 그분을 우리 삶에 모셔 들이면, 우리 자신이 곧 성전이 됩니다. 또한 예수 그리스도의 이름으로 모이면 그 모임이 성전이 됩니다. 부활하신 주님과 동행하는 사람에게는 온 천하가 성전이 됩니다. 바로 이런 까닭에 예수께서는 예루살렘 성전을 두고 "이 성전을 허물어라"라고 말씀하신 것입니다.

저는 앞으로 몇 장에 걸쳐 이 주제에 대해 다룰 것입니다. 그러지 않으면 그 영적 음모의 실체를 제대로 이해하기가 어렵고, 읽는 분들에게는 오히려 혼란만 안겨 줄 수 있기 때문입니다. 성전이 무너질 때 일어나는 모든 변화를 살펴봄으로써 우리가 믿는 '은혜의 종교'가 어떤 것인지를 분명히 알 필요가 있습니다. 이번 기회에 우리의 믿음 안에 뿌리 내리고 있는 율법주의의 요소들을 뽑아낼 수 있기를 기도합니다.

2

예루살렘 성전이 허물어지면, 더 이상 하나님께 '제사'를 드릴 수 없게 됩니다. 유대인들의 믿음에 따르면, 제사는 오직 성전에서만 드려야 했습니다. 유대인들이 사는 동네마다 '회당'이 있었지만, 그곳에서는 안식일에 '예배'를 드렸고, 주중에는 학교와 마을회관으로 사용될 뿐이었습니다. 제사는 오직 예루살렘 성전에서만 드려야 했고, 그래서 예루살렘에서 멀리 떨어진 곳에 사는 유대인들은 일 년에 한두 번이라도 성전에 가는 것이 꿈이었습니다.

제사는 하나님 앞에 지은 죄를 용서받기 위해서 마련된 제도입니다. 당시 유대인들의 신학에 따르면, 죄에는 두 종류가 있었습니다. 죄인 줄 알고 지은 '고의적 죄'와 죄인 줄 모르고 지은 '과실의 죄'가 그것입니다. 이 가운데 제사로 용서받을 수 있는 죄는, 죄인 줄 모르고 지은 죄뿐입니다. 고의적으로 지은 죄에 대해서는 선행으로 상쇄시켜야 한다고 믿었습니다. 마지막 심판 날에 하나님 앞에 서면 하나님께서 그들의 죄의 무게와 선행의 무게를 잴 것인데, 만일 선행의 무게가 고의적인 죄의 무게보다 무거우면 구원을 받는다고, 그들은 믿고 가르쳤습니다.

따라서 유대인들에게는 '제사'와 '선행'이 구원을 얻는 데 있어서 두 개의 기둥과 같았습니다. 그들은 하나님이 인간의 죄로 인해 화가 머리끝까지 나 있다고 믿었습니다. 따라서 이 두 가지 방법으로 부지런히 죄를 씻어 내야만 그분의 눈에 들 수 있고 구원 받을 수 있다고 믿었습니다. 당시 예루살렘 성전에 가면 이 두 가지를 모두 행할 수 있었습니다. 짐승을 잡아 제사를 드림으로 과실의 죄를 해결하고, 성전 문 곁에 늘어서 있는 거지들에게 적선하고 성전 헌금궤에 헌금을 드림으로 선행을 실천할 수 있었습니다. 이것을 잘 하면 분노한 하나님의 눈에 들 가능성이 높아진다고 믿었습니다.

이스라엘에서 오랫동안 살았던 목사님에게서 들은 이야기입니다. 예루살렘 시내에 꽤 유명한 유대인 거지들이 몇 사람 있다고 합니다. 그들은 '전문직 거지'인데, 실은 저택을 소유한 알부자라고 합니다. 그들은 유대인들을 찾아다니며 구걸을 하는데, 그 태도가 매우 당당하다고 합니다. 마치 다음과 같이 말하는 것처럼 보인다고 합니다. "나에게 돈을 달라. 내가 없으면 당신들은 구원 받지 못한다.

제사가 아니다

당신들이 나를 돕는 것이 아니라, 내가 당신들을 돕는 것이다. 그러니 이 죄인들아, 나에게 후하게 적선하라!"

좋은 목적으로 마련된 제도가 얼마만큼 오용될 수 있는지를 보여주는 실례라고 할 수 있습니다. 예루살렘 성전을 향해 "이 성전을 허물어라!"라고 말씀하심으로써 예수님은, 죄를 해결하기 위해 마련되었지만 사람들에 의해 오용되고 있던 이 두 가지 방편이 모두 폐지될 것임을 암시하셨습니다. 과실로 지은 죄를 해결하기 위해 드리는 '제사'도 폐지되어야 했고, 고의로 저지른 죄를 해결받기 위해 행하는 '선행'도 폐지되어야 했습니다. 일상 생활에서는 하나님 없이 욕심껏 살면서, 그 결과로 생긴 양심의 가책은 제사와 선행으로 해결하려는 불순한 음모가 하나님에 의해 심판 받을 것이라고, 예수님은 예언하신 것입니다.

3

예수님은 아무 대책 없이 성전을 허물어 버리라고 말씀하신 것이 아닙니다. 분명히 '죄'는 하나님과 인간 사이에 있는 가장 큰 문제였습니다. 하나님과 인간 사이의 문제를 해결하려면 가장 먼저 죄 문제를 해결해야만 했습니다. 하지만 당시의 성전 제사 제도로는 죄 문제를 해결할 수 없었습니다. 오히려 사람들은 제사 제도를 오용하여 죄책감을 해결하면서 죄를 은밀하게 즐기고 있었습니다. 죄를 해결하도록 마련된 제사 제도와 선행의 교리가 오히려 그들의 죄를 더 심각하게 만들고 있었습니다. 그래서 예수님은 그 제사 제도가 끝날 것을 예고하심과 동시에 하나님께서 죄 문제를 끝장낼 수 있는 새로운 대안을 마련해 주실 것임을 암시하셨습니다.

사역의 막바지에 예수님은 다음과 같은 말씀을 하셨습니다.

인자는 섬김을 받으러 온 것이 아니라 섬기러 왔으며, 많은 사람을 위하여 자기 목숨을 몸값으로 치러 주려고 왔다(마 20:28).

예수님은 다니엘서 7장 13절의 예언에 따라 자신을 '인자'라고 부르심으로써 그분이 장차 우주적인 통치자가 될 것이라는 사실을 암시하셨습니다. 그런데 그 우주적인 통치자가 인간을 섬기러 이 땅에 왔으며, 그 섬김의 끝에는 죽음이 기다리고 있다고 하셨습니다. 그 죽음은 모든 인류의 죄를 해결하기 위한 제물로 자기 자신을 드리는, 영원한 제사였습니다. 그렇게 십자가 위에서 완전하고 영원한 제물로 바쳐지고 나면, 하나님께서는 그분을 부활시켜 우주적인 통치자의 자리로 높여 주실 것이라고 예수님은 믿으셨습니다.

예수 그리스도께서는 오고 가는 모든 세대와 인류의 죄를 위해 완전하고도 영원한 제물로 십자가에서 희생되셨습니다. 십자가, 바로 그것이 제사 제도에 대한 대안이었습니다. 십자가 위에서 완전하고도 영원한 제물이 드려졌으므로 이제 더 이상 짐승이나 곡식으로 제사를 드릴 필요가 없어졌습니다. 히브리서 기자가 이 점을 잘 정리해 주었습니다.

모든 제사장은 날마다 제단에 서서 직무를 수행하면서 똑같은 제사를 거듭 드리지만, 그러한 제사가 죄를 없앨 수는 없습니다. 그러나 그리스도께서는 죄를 사하시려고, 단 한 번의 영원히 유효한 제사를 드리신 뒤에 하나님 오른쪽에 앉으셨습니다. 그리고서 그는 그의 원수들이 그의 발 아래에 굴복할 때까지 기다리고 계십니다. 그는 거룩하게 되는 사람들을 단 한 번의 희생제사로 영원히 완전하게 하셨습니다(히 10:11-14).

예수 그리스도께서는 십자가 위에서 모든 인류의 죄를 짊어지고 영원한 제물로 자신을 바치셨습니다. 예수 그리스도를 주님으로 영접한다는 말은 가장 먼저, 그분께서 십자가에서 드리신 영원한 제사를 바로 나의 죄 사함을 위한 것으로 받아들이는 것입니다.

이것을 믿으십니까? 믿어지십니까? 기독교의 교리 중 가장 받아들이기 어려운 것이 바로 이것입니다. 많은 사람들이 그렇게 느낍니다. 저도 그랬습니다. 내 죄의 대가를 다른 사람이 치른다는 것이 이해가 되지 않고, 나와 아무런 상관이 없어 보이는 사람이 나를 위해 그런 희생을 했다는 것도 이해가 되지 않으며, 2천 년 전에 한 사람이 행한 일이 오고 가는 모든 세대의 사람의 죄를 대속하는 효력을 가진다는 것도 이해할 수 없습니다. 과학적으로도 이해가 되지 않고, 논리적으로도 이해가 되지 않습니다. 그래서 받아들이기 어렵습니다.

4

우리가 이 교리를 잘 받아들이지 못하는 이유가 있습니다. 뭔가 대가를 치르지 않으면 아무것도 얻을 수 없는 세상에 살면서, 무조건적인 은혜와 사랑을 의심하도록 훈련되었기 때문입니다. 우리 모두에게는 공짜를 바라는 마음이 있지만, 막상 공짜 앞에서, 특히 값비싼 공짜 앞에서는 뭔가 함정이 있을지 모른다고 의심하게 됩니다. 우리가 사는 이 사회가 우리를 그렇게 훈련시켜 놓았습니다.

오래전에 경제적으로 압박을 받으면서 공부하던 유학 초기의 일이 기억납니다. 어느 날 우편함에서 눈이 번쩍 떠지는 편지를 발견했습니다. 누구든 상관 없이 5천 명에게 최고 10만 달러씩을 나누어 주기로 했으니, 동봉된 서류를 작성해 보내라는 것이었습니다. 믿을 수 없는 일이었지만, 미국은 정직한 나라라고 배웠기 때문에 반신반의하면서 서류를 작성해 보냈습니다. 얼마 후, 제가 10만 달러를 받을 사람으로 선택되었다는 회답과 함께 또 다른 서류를 작성해 보내라는 기별이 왔습니다. "와, 이제 고생 끝!"이라 생각하며 떨리는 손으로 서류를 작성하여 보냈습니다. 회답이 오기까지 10만 달러를 유익하게 사용할 계획을 세웠습니다.

그 다음에 어떻게 되었느냐구요? 말하지 않겠습니다. 말하지 않아도 아실 것입니다. 그로 인해 겪어야 했던 스트레스를 어찌 다 말하겠습니까? 그때 저는 두 가지 교훈을 얻었습니다. 첫째는 "눈먼 돈을 밝히지 말라"는 것이었고, 둘째는 "너무 좋아 보이는 제안에는 언제나 함정이 숨겨져 있다"는 것이었습니다. 요즈음도 제 이메일에는 다음과 같은 유혹의 스팸 메일이 오곤 합니다. "어느 갑부의 아내가 세상을 떠나기 전에 유산을 나누어 주려고 하니, 당신의 신상 정보를 보내 달라." 이런 메일에 응답했다가 곤란을 당하고 손해를 본 분들이 적지 않습니다. 그 같은 쓰디쓴 경험을 하면서, 우리는 너무 좋은 소식은 믿지 않도록 훈련됩니다.

너무나 좋은 제안에는 늘 함정이 있게 마련이라는 경험적 진실이 우리로 하여금 복음의 제안을 의심하게 만듭니다. 내 모든 죄에 대해 예수 그리스도께서 이미 값을 지불하셨다는 사실, 그렇기 때문에 그분을 주님으로 영접하고 그 보혈의 공로를 의지하면 모든 죄를 무상으로 용서받는다는 사실을 받아들이기 어려워합니다. 뭔가 함정이 있거나 문제가 있다고 생각합니다. 덥썩 받았다가는 나중에 나도 모르게 가입된 회원권을 취소하고 주문하지 않았는데 배달되어 온 물건을 반품하느라 골치를 썩지 않을까 싶어 주저합니다. 그뿐 아니라, 그렇게 값없이 용서받는 것에 대해 자존심이 허락하지 않는 사람도 있습니다. 내가 지은 죄에 대한 대가는 내가 받겠다고 만용을 부리는 사람도 있습니다.

자신의 죄에 대한 대가가 얼마나 엄청난지를 모르기 때문에 겁 없는 만용을 부리는 것입니다. 하나님 앞에 정직하게 서기 전까지 우리는 자신의 죄가 얼마나 심각하며 하나님의 높은 기준에서 자신이 얼마나 멀리 떨어져 있는지 알지 못합니다. 그 사실을 알고 나면 하나님의 기준에 합격하기 위해 우리가 할 수 있는 일이 아무것도 없다는 사실을 깨닫게 됩니다. 그래서 우리는 하나님 앞에 무너져 그분의 은혜를 구합니다. 그제야 십자가의 은혜를 받아들일 수 있고, 십자가를 받아들일 때 비로소 그 은혜와 사랑을 이해하게 됩니다. 자신의 죄성에 절망하고 영원한 징벌의 현실을 마주한 채 그 절망에서 벗어날 희망의 빛이 없는지를 찾을 때, 비로소 우리는 예수 그리스도께서 단 한 번에 영원히 완성하신 십자가의 제사가 바로 나를 위한 것이라는 사실을 깨닫게 됩니다.

우리 삶에서 참으로 귀한 것들은 모두 그 대가를 치를 수 없는, 무상으로 주어진 선물입니다. 우리에게 주어진 이 한 번의 생도 선물입니다. 그것을 위해 여러분이 치를 수 있는 대가가 무엇입니까? 한 번의 생을 위해 대가로 지불할 만큼 값있는 것이 무엇이 있습니까? 마찬가지로, 하나님의 사랑도 무상으로 주어진 선물입니다. 십자가는 우리를 향해 두 팔을 활짝 벌리고 "여기, 너희를 위한 선물이 있다. 와서 그 선물을 값없이 가져가라"고 말하고 있습니다. '선물'은 기본적으로 이유 없이 주는 것입니다. 받을 만한 충분한 이유가 있어서 받았다면, 그것은 더 이상 '선물'이 아니라 '보상'입니다.

하나님께서는 우리를 너무도 사랑하신 나머지, 값없이 용서 받는 길을 열어 주셨습니다. 더 이상 짐승을 잡아 바칠 이유가 없습니다. 십자가 보혈의 공로를 의지하면 우리는 하나님의 자녀로 회복될 수 있습니다. 그래서 히브리서 기자는 예수 그리스도께서 드리신 십자가의 제사를 설명한 다음, 이렇게 권합니다.

그러므로 형제자매 여러분, 우리는 예수의 피를 힘입어서 담대하게 지성소에 들어가게 되었습니다. 예수께서는 휘장을 뚫고 우리에게 새로운 살 길을 열어 주셨습니다.…… 그러니 우리는 확고한 믿음을 가지고, 참된 마음으로 하나님께 나아갑시다. 우리는 마음에다 예수의 피를 뿌려서 죄책감에서 벗어나고, 맑은 물로 몸을 깨끗이 씻었습니다. 또 우리에게 약속하신 분은 신실하시니, 우리는 흔들리지 말고, 우리가 고백하는 그 소망을 굳게 지킵시다(히 10:19-23).

5

십자가 위에서 제사 제도는 끝이 났습니다. 예수 그리스도의 보혈로 율법주의의 불순한 음모가 드러났습니다. 율법주의의 음모는 하나님을 왜곡하는 것으로 시작합니다. 하나님은 인간에 대해 매우 화가 나 있으며, 조금만 더 그분의 화를 돋우면 불같은 심판이 떨어질 것처럼 가르칩니다. 인간은 누구나 죄인이기에 하나님의 기준에서 멀리 떨어져 있습니다. 분노한 하나님의 눈에 들기 위해, 우리는 무엇보다 먼저 죄 문제를 해결해야 합니다. 고의로 저지른 죄를 해결하기 위해 헌금을 많이 드리고 거지들에게도 넉넉히 적선을 해야 합니다. 과실의 죄를 해결하기 위해 제사장들의 지시에 순종하여 값비싼 제사를 드려야 합니다. 그렇게 하면 하나님의 눈에 들 수 있다고 가르칩니다.

이 율법주의의 올무에 걸리면, 우리는 죄책감을 해결하는 일에

매이게 되고 죄성을 극복하고 거룩함에 이르는 일에는 마음을 쏟을 겨를이 없어집니다. 하나님을 늘 두려워하게 되고, 자신의 죄의 결과에 대해 두려워하게 되며, 그로 인해 생겨난 죄책감을 해결하기 위해 분투합니다. 하지만 충분히 미치지 못하는 것 같은 느낌을 떨칠 수가 없습니다. 그래서 더 비싼 제물을 바쳐 보고, 더 많은 헌금을 드려 봅니다. 그렇게 몸부림을 쳐 보아도 마음에는 기쁨이 없고 평안도 없습니다. 마치 부모님의 기대에 늘 못 미친다는 가책에 시달리는 자녀처럼, 율법주의의 올무에 걸리면 언제나 하나님의 기대에 못 미친다는 생각 때문에 우울하게 살게 됩니다.

예수께서는 십자가 위에서 이 율법주의를 끝장내셨습니다. 모든 인류가 죄로 인해 하나님의 기준에 미치지 못하는 상태에 있다는 것은 진실입니다. 예수께서는 십자가 위에서 모든 인류의 죄를 위해 자기 자신을 제물로 바치셨습니다. 그 제물은 완전하고도 영원한 제사입니다. 우리가 예수 그리스도를 주님으로 영접한다는 말은 무엇보다 먼저 그분이 십자가 위에서 나의 모든 죄를 위해 돌아가셨다고 믿는다는 뜻입니다. 더 이상 제사를 드리지 않아도, 더 이상 값비싼 제물을 드리지 않아도, 더 이상 성전에 큰 돈을 바치지 않아도, 하나님께서는 예수 그리스도 안에서 나를 용서하시고 다시금 그분의 자녀로 받아 주셨음을 믿는 것입니다.

그렇게 믿는 사람은 하나님을 생각할 때 더 이상 진노한 하나님으로 생각하지 않습니다. 예수 그리스도 안에 뿌리를 내린 사람은 하나님을 생각할 때, 마치 미소를 가득 머금고 사랑스러운 자녀를 바라보고 있는 부모처럼 느낍니다. 그 사람은 더 이상 죄책감을 해결하는 것을 삶의 목표로 삼지 않습니다. 하나님의 눈에 들기 위해 몸부림치지 않습니다. 오직 그분의 자녀라는 이유 때문에, 그리고 그분의 독생자의 피로 구속한 존재라는 이유 때문에 하나님께서 자신을 사랑하신다고 굳게 믿습니다. 하나님께 등지고 죄 가운데 뒹굴며 살고 있을 때에라도 하나님께서 자신을 사랑하셨고, 앞으로 그 어떤 일이 일어나더라고 그분의 사랑은 변함 없을 것임을 깨닫습니다.

그 사람은 자신에게 부어진 하나님의 사랑에 감격하고 그 사랑에 보답하기 위해 살아갑니다. 그 사람의 목표는 죄책감을 해결하는 것이 아닙니다. 그것은 이미 예수께서 해결해 주셨으니, 이제는 거룩한 삶을 위해 노력합니다. 성령의 능력을 힘입어 거룩한 사람으로 지어져 갑니다. 그 사람은 더 이상 하나님의 분노를 풀기 위해 예배하는 것이 아니라 하나님의 은혜를 찬양하기 위해 예배합니다. 그 사람은 헌금을 드릴 때 하나님의 눈에 들기 위해 뇌물 바치듯 하지 않습니다. 하나님의 한없는 사랑에 보답하기 위해 아낌없이 바칩니다. 그 사람은 자신의 죄를 해결하기 위해 적선하지 않습니다. 하나님의 사랑으로 이웃을 사랑하고 그 사랑을 표현하기 위해 넉넉하게 돕습니다.

# 6

사랑하는 성도 여러분, 율법주의의 올무에 걸리지 않도록 조심하기 바랍니다. 더 이상 진노한 하나님께 제사 드리려는 심정으로 예배 드리지 맙시다. 오늘날에도 얼마나 많은 강단에서 진노한 하나님이 선포되고 있으며, 그분의 눈에 들기 위해 제사를 드리라는 외침이 들리고 있는지 모릅니다. 오늘날에도 얼마나 많은 성도들이 두려운 마음으로 예배당에 와서 짐승을 바쳐 제사 드리는 심정으로 예배를 드리는지 모릅니다. 그들의 관심은 오직 죄책감을 해결하는 일에 묶여 있습니다. 이미 저지른 죄를 어떻게든 해결하여 '화난 하나님'을 진정시키고 싶어 합니다. 그렇게 하는 것은 예수 그리스도의 보혈을 땅에 쏟아 버리는 것이고, 우리의 영성을 질식시키는 것이며, 결국은 사탄의 속임수에 넘어가는 것입니다.

예수 그리스도의 보혈을 바라봅시다. 그분의 십자가를 바라봅시다. 십자가 위에서 예수께서 드리신 거룩하고 완전하고 영원한 제사를 바라봅시다. 그 제사가 바로 나를 위한 것임을 받아들이고 고백합시다. 십자가 위에서 나를 향해 환히 웃으시는 하나님을 바라봅시다. 그분이 나를 얼마나 사랑하시는지, 그 사랑이 얼마나 뜨거우며 그 사랑이 얼마나 영원한 것인지를 깨달아 압시다. 그 믿음이 나를 자유케 할 것입니다. 그 믿음이 나를 새롭게 할 것입니다. 그 믿음이 내 마음을 뜨겁게 달굴 것입니다. 그 믿음이 내 삶의 강력한 추진력이 될 것입니다.

제사가 아닙니다. 예배요 찬양이요 감사요 응답입니다. 이것이 은혜의 종교를 믿는 사람의 삶의 특징입니다. 여기에 진정한 기쁨이 있고 진정한 자유함이 있습니다. 우리의 영성이 활짝 피어나는 길이 여기에 있습니다. 예수께서 육신을 입고 이 땅에 오신 이유가 바로 여기에 있습니다. 그분의 생애와 가르침, 그분의 고난과 십자가에서의 희생, 그리고 그분의 부활과 승천은 모두 이것을 위한 것입니다. 그러므로 히브리서 기자가 말한 대로, "우리에게 약속하신 분은 신실하시니, 우리는 흔들리지 말고, 우리가 고백하는 그 소망을 굳게 지킵시다"(히 10:23). 십자가 위에서 드러난 하나님의 사랑을 받아들이고 그 사랑의 능력으로 자유하게 살아갑시다. 그것이 예수 그리스도 안에서 드러난 하나님의 뜻입니다.

주님,
십자가를 바라봅니다.
그 위에서 저를 위해 흘리신 보혈을 생각합니다.
그 절대치의 사랑을 생각합니다.
이 세상 모든 이들을 위한 그 고귀한 희생,
하지만 마치 나 하나만을 위한 것처럼 보이는
그 값진 희생을 기억합니다.
저희로 하여금
그 사랑에 확신하게 하소서.
오직 사랑에 취하여,
오직 은혜에 사로잡혀,
찬양하며 감사하며 보답하는 삶이 되게 하소서.
아멘.

# 4 죄 속에 벌이 있다

예수께서 그들에게 말씀하셨다. "이 성전을 허물어라. 그러면 내가 사흘 만에 다시 세우겠다." 요한복음 2:19

그러면 어떻게 해야 하겠습니까? 우리가 율법 아래 있지 않고, 은혜 아래에 있다고 해서, 마음 놓고 죄를 짓자는 말입니까? 그럴 수 없습니다. 여러분이 아무에게나 자기를 종으로 내맡겨서 복종하게 하면, 여러분은, 여러분이 복종하는 그 사람의 종이 되는 것임을 알지 못합니까? 여러분은 죄의 종이 되어 죽음에 이르거나, 아니면 순종의 종이 되어 의에 이르거나, 하는 것입니다. 그러나 하나님께 감사하는 것은, 여러분이 전에는 죄의 종이었으나, 이제 여러분은 전해 받은 교훈의 본에 마음으로부터 순종함으로써, 죄에서 해방을 받아서 의의 종이 된 것입니다.
로마서 6:15-18

## 제사는 없다, 삶 전체가 제사다

1

요즈음 잠이 부족해서 고통을 호소하는 분들이 적지 않습니다. 사순절 새벽기도회에 참여하느라 그런 분도 있지만, 동계 올림픽 때문에 그런 분도 있습니다. 올림픽 초반에 한국 선수들이 좋은 성적을 올리는 바람에 밤 늦게까지 TV 앞에 앉아 있게 됩니다. 몸은 피곤하지만, 한국 선수들의 선전으로 인해 기분은 좋습니다.

소위 '신세대 선수들'에 관한 기사를 읽으면서 금석지감을 느낍니다. 구세대의 운동 선수들은 가난을 벗어나기 위해 혹은 출세하기 위해 피나는 고통을 참으며 자신을 갈고 닦았습니다. 운동은 돈을 벌기 위한 수단이었습니다. 반면, 신세대 선수들의 이야기를 읽어 보면, 운동 자체가 좋아서 하는 이들이 많은 것 같습니다. 같은 운동을 하더라도 어떤 동기로 하느냐에 따라 큰 차이가 납니다. 돈과 성공을 목표로 운동하는 사람들은 그 목표를 이루자마자 타락하거나 추락하는 경우가 많습니다. 반면에 운동 자체를 즐기는 선수들은 정상에 올라선 뒤에도 계속해서 성장합니다.

이번에 500미터 스피드 스케이팅에서 금메달을 딴 모태범 선수가 1,000미터 경기에서는 0.18초 차이로 은메달을 땄습니다. 과거, 제 또래의 선수들은 그런 경우 엉엉 울면서 분통해 했습니다. 외국 기자들은 가끔, "왜 한국 선수들은 은메달이나 동메달을 따면 억울해 하는지 모르겠다"며 의아해 하곤 했습니다. 1등, 금메달이 목표였기 때문입니다. 그런데 이번에 보니, 모태범 선수는 은메달이 확정되자 1위 선수에게 가서 인사를 건네고 나서 태극기를 들고 환한 미소로 관중에게 감사의 인사를 했습니다. 그 모습을 보는 제 마음도 시원했습니다.

    이런 말이 있습니다. "천재는 노력하는 자를 따라가지 못하고, 노력하는 자는 즐기는 자를 따라가지 못한다." 논어에 나오는 말입니다. 생각해 보면, 제 또래의 운동 선수들은 노력하는 사람들이 많았던 반면, 신세대 선수들은 즐기는 사람들이 더 많은 것 같습니다. 자신이 하는 일을 즐기고, 그렇기 때문에 훈련과 실전에 최선을 다하고, 그 결과에 대해 승복하고 자족하는 삶의 태도는 참으로 아름답습니다. 신앙인의 삶의 자세는 모름지기 이와 같아야 한다고 믿습니다.

2

이것은 우리 모두가 예수 그리스도 안에서 부름받은 '거룩한 삶'에도 적용되는 진리입니다. 거룩한 삶을 살아가는 동기에도 두 가지 있습니다. 하나는 뭔가를 얻기 위한 수단으로 거룩한 삶을 사는 것입니다. 돈을 벌기 위해 운동하는 사람과 같다 할 수 있습니다. 이런 동기로 신앙 생활을 하는 사람에게 '거룩한' 삶은 매우 '거북한' 것이 됩니다. 이것이 율법주의적인 신앙 생활의 모습입니다. 다른 하나는 거룩한 삶 자체를 즐기는 것입니다. 운동이 좋아서 하는 사람과 같다 할 수 있습니다. 이런 사람에게 거룩한 삶은 신나는 모험입니다. 이것이 은혜로 하는 신앙 생활의 모습입니다.

하나님께서는 이스라엘 백성에게 이렇게 말씀하셨습니다.

너희의 하나님인 나 주가 거룩하니, 너희도 거룩해야 한다(레 19:2).

'거룩'은 하나님의 성품 중에서도 가장 핵심적인 성품입니다. 성경의 기록에 보면, 하나님의 임재를 경험한 사람들이 언제나 대면하는 첫 번째 느낌은 하나님의 절대적 거룩성과 자신의 절대적 죄성입니다. 자신이 아무리 거룩하게 산다고 자부하는 사람이라 하더라도, 하나님 앞에 서는 순간 자신의 한없는 죄성을 깨닫게 됩니다. 마치 자신의 두뇌에 대해 꽤 자부하던 사람이 아인슈타인을 만나 "아, 나는 어린아이로구나!" 라고 느끼는 것과 같습니다.

우리가 이렇게 죄 속에 빠진 이유는 근본적으로 하나님을 떠나서 살고 있기 때문입니다. 아니, 더 정확히 말하면, 하나님 안에 살면서도 그분의 존재를 무시하고, 그분과 사귐을 나누지 않고 살아가기 때문입니다. 하나님을 무시하고 그분과의 관계를 끊고 살아가다 보면, 우리는 하나님께서 우리에게 입혀 주신 '하나님의 형상'을 잃어

죄 속에 벌이 있다

버리게 됩니다. 아담의 타락 이후에 우리는 죄성을 유전병처럼 전해 받았습니다. 그 죄는 이 땅에서 우리의 영적 삶을 질식시키고, 마침내는 하나님으로부터 영영 단절시켜 버립니다.

죄에 관해 우리가 꼭 깨달아야 하고 또한 기억해야 할 사실이 하나 있습니다. '죄 안에는 벌이 포함되어 있다'는 사실입니다. 죄는 마치 옛날에 유행했던 '당의정'과 같다고 할 수 있습니다. 겉은 달콤하지만, 단맛이 가시고 나면 쓰디씁니다. 당의정의 쓴 맛은 병을 치료하는 약효를 가지고 있지만, 죄의 쓴 맛은 우리의 생명을 고갈시키며 마음을 할퀴어 놓고 삶의 기초를 잠식합니다. 우리는 너무도 어리석어서, 죄를 통해 당장 맛보는 달콤한 맛에는 끌리지만, 나중에 맛보게 되는 쓰디쓴 맛은 보려 하지 않습니다. 이것이 우리가 죄와의 싸움에서 지게 되는 가장 큰 이유 중 하나입니다.

우리가 짓는 죄에 대해 적어도 한 번은 하나님 앞에서 결산할 날이 올 것입니다. 하지만 하나님께서 벌을 주시기 훨씬 전에, 죄 안에 숨겨져 있는 벌이 먼저 우리를 징계할 것입니다. 그러므로 죄 속에 숨겨져 있는 벌을 먼저 보아야 합니다. 그것을 더 두려워해야 합니다. 그러면 죄로부터 해방되는 길이 열립니다. 그런데 우리는 그것을 보지 못하거나 보지 않고, 마지막에 하나님에게 받을 벌만을 생각하고 두려워하며 피하기 위해 노력합니다. 그것이 우리의 신앙을 율법적으로 만드는 원인입니다.

얼마 전, 미국과 영국에서 시작된 무신론 광고가 한국에도 상륙했다는 기사를 보았습니다. 무신론자들이 종교들, 그중에서도 특히 기독교를 반대하기 위해 모금한 돈으로 버스 바깥에 무신론 광고를 게재한 것입니다. 기독교계의 반발로 버스운송조합에서 이틀 만에 광고를 내렸다고 하는데, 그 광고 문안이 이렇습니다. "나는 자신의 창조물을 심판한다는 신을 상상할 수가 없다." 알버트 아인슈타인이 말했다는 "I cannot conceive of a God who rewards and punishes his creatures"에서 가져온 말입니다. 한국의 무신론자들이 이 같은 문구를 내걸어 기독교를 비판했다는 사실은 한국교회가 얼마나 하나님의 심판을 강조했는지를 반증해 줍니다. 전도할 때조차 하나님의 무서운 심판을 강조하면서, 그 심판을 피하려면 예수를 믿으라고 위협해 왔기 때문입니다.

## 3

이것은 큰 잘못입니다. 그렇게 협박하고 위협하여 믿게 해서는 안 되는 일입니다. 그렇게 죄에 대한 하나님의 심판만을 강조해서는 안 되는 일입니다. 그렇게 전도했기 때문에 한국교회 교인들의 믿음이 율법주의적인 태도에 빠져 있습니다. 마치 돈을 위해 운동하는 선수처럼, 많은 신자들이 하나님의 심판을 면하기 위한 목적으로 신앙생활을 하고 있습니다. 예수 그리스도를 주님으로 영접하고 세례를 받았는데도 여전히 죄가 좋습니다. 죄를 벗어날 수가 없습니다. 그런데 죄에 대한 벌은 두렵습니다. 그래서 죄에 대한 벌을 해결할 방법을 찾습니다. 이렇게 믿는 사람들은 하나님께 혼나지 않을 만큼만 하고 맙니다. 돈을 위해 운동하는 선수들이 1등을 하고 나면 더 이상 노력하지 않는 것과 같은 이치입니다.

어떤 아이가 있습니다. 그 아이는 엄한 아버지에게 칭찬 받는 것을 목적으로 공부합니다. 학년이 올라가면서 아이는 아버지에게 칭찬을 받기에 자신의 능력이 부족하다는 것을 깨닫습니다. 그래서 그 후로는 아버지에게 혼나지 않는 것을 목적으로 삼습니다. 누구는 "공부가 제일 쉬웠다" 하고 또 누구는 "공부가 제일 재미있다" 하는데, 이 아이는 공부가 어렵고 재미도 별로 없습니다. 그래서 혼나지 않을 만큼만 합니다. 그 결과, 아이의 성적은 늘 적당한 정도에 머물러 있습니다. 그래서 변변치 못한 대학에 입학합니다. 그런데 대학에서부터 그가 두각을 나타내기 시작합니다. 자신의 적성에 맞는 전공을 만나면서 공부에 재미를 느꼈기 때문입니다.

이처럼 벌을 피할 목적으로 혹은 하나님의 징벌이 두려워서 신앙 생활을 한다면, 그 결과는 뻔합니다. 그런 사람은 결코 죄에서 벗어나지 못할 것입니다. 죄의 맛이 거룩한 삶의 맛보다 더 좋은데, 어떻게 죄에서 벗어날 수 있겠습니까? 하나님에게 혼나지 않을 만큼만 하는 신앙 생활에 무슨 기쁨이 있을 것이며, 그러한 영적 생활에 무슨 성장과 성숙이 있겠습니까? 늘 하나님의 눈치를 보며, 죄의 경계선을 넘나들며 위험한 곡예를 하면서 살아가지 않겠습니까? 그렇게 살다가 마음에 죄책감이 몰아치면 하나님 앞에서 울며불며 회개의 기도를 드리고, 마음이 개운해지면 다시 돌아서서 죄를 탐하고 입맛을 다시는 것 아닙니까?

죄 속에 벌이 있음을 보아야 합니다. 그것을 깨달아야 합니다. 오늘 본문에서 바울 사도는 우리 모두가 "죄의 종"이었다고 말합니다. 우리는 보통 마음껏 죄를 즐기는 사람을 '자유한 사람'이라고 착각합니다. 하지만 죄는 우리를 노예로 만드는 '악한 힘'입니다. 우리가 죄를 즐긴다고 하지만, 그 죄는 곧 우리를 노예로 만들어 우리의 인생을 파괴합니다. 술에 대해 흔히 하는 말이 있습니다. "처음에는 사람이 술을 먹고, 그 다음에는 술이 술을 먹고, 마지막에는 술이 사람을 먹는다." 이것처럼 죄의 본질을 잘 표현한 말이 없습니다. 처음에는 사람이 죄를 탐합니다. 하지만 곧 그 죄는 그 사람을 노예로 만듭니다. 마침내 죄가 그 사람의 인생을 결박합니다. 바울 사도가 말씀한 대로, "죄의 종이 되어 죽음에 이르"는 것입니다(롬 6:16).

오래전에 제가 개인 홈페이지를 열고 방문자들의 질문에 답을 올리는 일을 할 때의 일입니다. 한 젊은이가 인터넷 포르노에 대한 고민을 올렸습니다. 그는 교인들이 알기에 '새벽이슬 같은 청년'입니다. 하지만 밤마다 혹은 낮에 홀로 있는 시간마다 인터넷 포르노에 거의 중독되다시피 살고 있습니다. 때로 그 문제로 인해 예배당에 가서 눈물 콧물 쏟으며 회개의 기도를 드려 보지만, 그 약발(?)이 며칠 가지 못합니다. 자신의 위선적인 모습이 너무도 가증스럽습니다. 그렇다고 교회에 가지 않을 수도 없고, 그 죄를 청산할 수도 없다면서, 제게 상담해 왔습니다.

그 청년에게 저는 몇 가지 도움을 말을 적어 보냈습니다. 그중에서 제일 강조했던 말이 바로 "그 죄 속에 벌이 있음을 보라"는 것이었습니다. 그 죄로 인한 죄책감에만 붙들리지 말고, 소위 '야동'을 보고 나서 자신에게 어떤 변화가 일어나는지를 잘 관찰해 보라고 했습니다. 그것을 보고 난 다음에 마음에 일어나는 혼탁한 변화, 사람을 대하는 태도에 미치는 악영향, 영성에 미치는 악영향, 여성을 보는 눈에 미치는 악영향, 그리고 생활에 미치는 악영향 등을 따져 보라고 권했습니다. 그리고 포르노에 중독될 때 장기적으로 일어나는 여러 가지의 문제에 대해 설명해 주었습니다. 만일 그 청년에게 자신을 진실로 사랑하는 마음이 있다면, 순간적인 쾌락 속에 엄청난 벌이 숨겨져 있음을 깨닫고 그 죄의 올무에서 벗어날 수 있을 것이라고 말해 주었습니다.

4

사랑하는 성도 여러분, 지금 여러분을 지배하고 있는 죄는 무엇입니까? 저는 앞 장에서 예수 그리스도의 십자가 보혈로 우리의 모든 죄가 도말되었다고 말씀드렸습니다. 그렇기 때문에 우리는 더 이상 하나님께 용서를 받기 위해 제사를 드리지 않아도 됩니다. 이제 우리는 십자가 보혈의 공로 안에서 하나님께 나아가 "아빠" 아버지라고 부르며 자녀로서 특권을 누릴 수 있습니다.

그런데 여기까지만 듣고서 이렇게 오해하지 말아야 합니다. "아, 무슨 죄든 값없이 용서받을 수 있다니, 이제 마음 놓고 죄를 지어도 되겠구나!" 이 같은 오해는 이미 바울 시대에도 있었습니다. 로마서 6장 15절에서 바울 사도가 이렇게 질문합니다.

그러면 어떻게 해야 하겠습니까? 우리가 율법 아래 있지 않고, 은혜 아래에 있다고 해서, 마음 놓고 죄를 짓자는 말입니까?

이 질문에 대한 대답은 분명합니다. 15절에서 바울 사도는 "그럴 수 없습니다"라고 대답합니다. 여기에 쓰인 헬라어 표현은 매우 강한 어조로 부정하는 표현입니다. "결코 그럴 수 없습니다"(By no means!)라고 강세를 주어야 합니다.

예수 그리스도의 보혈 공로로 값없이 우리의 죄를 용서받을 수 있다는 사실이 '죄가 중요하지 않게 되었다'거나 '마음 놓고 죄를 지어도 괜찮다'는 뜻이 아님을, 결코, 결코, 잊지 마십시오. 실로, 죄는 우리 인간에게 있어서 가장 중대한 문제입니다. 우리의 삶에서 가장 중대한 하나님과의 관계, 그것을 해치는 것이 죄이기 때문입니다. 그렇기 때문에 마음 놓고 죄를 지을 수 없는 것입니다. 죄를 소홀히 취급해서도 안 됩니다. 그것은 예수 그리스도의 희생을 값싼 것으로 만드는 악한 행동입니다.

이 대목과 관련해서 주의해야 할 이단적인 해석이 하나 있습니다. 예수 그리스도께서 십자가 위에서 완전하고도 영원한 제사를 드렸기 때문에, 그분을 주님으로 영접할 때 우리의 과거의 죄와 현재의 죄와 미래의 죄가 모두 용서되는 것이며, 따라서 우리가 앞으로 무슨 죄를 짓든 우리의 구원에는 아무런 영향을 주지 않는다는 해석

죄 속에 벌이 있다

입니다. 미래에 내가 지을 죄까지 미리 다 용서되었다는 주장입니다. 조심하기 바랍니다. 이러한 해석은 바울 사도 당대에도 있었고, 지난 2천 년 동안 끊임없이 믿는 사람들을 유혹해 왔으며, 지금도 이같은 거짓 교리로 사람들을 유혹하는 이단들이 있습니다. 이 교리가 처음에는 매우 해방적인 것처럼 들리지만, 그것은 우리를 죄의 물결 속에 조난당하게 만드는 속임수입니다.

아닙니다! 아닙니다! 아닙니다! 죄는 아직도 우리가 가장 싸우기 힘든 적이며, 우리의 삶에 가장 큰 위협이며, 우리의 미래에 놓인 가장 큰 장애물입니다. 죄는 그 자체로 힘이 있습니다. 사탄은 죄를 사용하여 우리를 노예로 만듭니다. 그래서 죄를 경계해야 합니다. 죄의 노예가 되지 않도록 방법을 찾아야 합니다. 죄에 물들지 않도록 우리 자신을 돌아보아야 합니다. 죄책감을 씻는 일에 붙들릴 것이 아니라, 죄 자체로부터 해방되어야 합니다.

우리는 '죄를 권하는 사회'에서 살고 있습니다. 죄를 자랑하는 사회에 살고 있습니다. 아니, 죄라는 말을 아예 지워 버리고 싶어 하는 사회에 살고 있습니다. 과거에는 숨어서 행하던 죄들을 이제는 버젓이 드러내고 자랑합니다. 그렇게 하여 죄책감을 외면해 보려는 것입니다. "이것도 죄가 됩니까?"라고 따지며 죄를 정당화하려 하고, "누구는 죄가 없느냐?"면서 자신의 죄를 하찮게 만들려 합니다. 우리 믿는 사람들도 이 같은 분위기에 편승하고 싶어집니다. 할 수 있는 한 죄를 사소하게 만들고, 그 죄 속에서 은밀한 쾌락을 즐기고 싶어 합니다.

5

하지만 죄는 죄입니다. 어떤 설명을 갖다 붙이고 아무리 자신을 속이려 해도, 죄는 죄로 판명나게 되어 있습니다. 죄가 아니라고 스스로를 속이고 죄 속에서 뒹군 사람은 결국 그 죄 속에 숨겨진 쓰디쓴 벌을 받게 되어 있습니다. 그리고 마침내 하나님의 심판대 앞에 서게 됩니다. 그러나 그때는 이미 너무 늦습니다. 그러므로 우리는 죄의 심각성을 평가절하해서는 안 됩니다. 죄에 대해 더욱 예민해져야 합니다. 그리고 죄로부터 벗어나는 길을 찾아야 합니다.

죄로부터 벗어나기 위해 다음의 네 가지를 기억할 필요가 있습니다. 첫째, 예수 그리스도를 주님으로 영접하고 '참 세례'를 받아야 합니다. 예수 그리스도의 이름으로 세례를 받는다는 것은, 예수 그리스도와 함께 우리의 옛 사람이 십자가에 못 박혀 죽고, 그리스도와 함께 거룩한 삶으로 다시 살아나는 것입니다. 이것이 물로 세례를 베풀 때 일어나기를 기대하는 '참 세례'입니다. 로마서 6장 10-11절에서 바울 사도는 이렇게 말하고 있습니다.

그리스도께서 죽으신 죽음은 죄에 대해서 단번에 죽으신 것이요, 그분이 사시는 삶은 하나님을 위하여 사시는 것입니다. 이와 같이 여러분도, 죄에 대해서는 죽은 사람이요, 하나님을 위해서는 그리스도 예수 안에서 살고 있는 사람이라는 것을 알아야 합니다.

세례를 받고 성령 안에서 예수 그리스도와 함께 장사되고 예수 그리스도와 함께 부활한 우리는 매일, 매 순간 그분의 다스림에 우리 자신을 내어 드립니다. 예수 그리스도의 영의 다스림이 있는 곳에 사탄은 그 힘을 잃어버립니다. 예수 그리스도의 성령의 다스림이 있는 곳에 죄는 그 힘을 잃습니다.

둘째, 죄 속에 벌이 있음을 깨달아 아는 것입니다. 우리 모두가 경험하는 일이지만, 예수 그리스도를 주님으로 영접하고 세례를 받은 뒤에도 여전히 죄에서 완전히 벗어날 수는 없습니다. 때로 죄의 세력은 과거보다 더 강하게 느껴집니다. 특별히 영적으로 충만할 때 죄의 세력은 더 강해집니다. 하지만 우리를 유혹하는 죄 속에 숨겨져 있는 벌을 보게 되면, 우리는 죄를 혐오하게 됩니다. 죄를 탐하면서 죄에서 벗어날 수는 없는 노릇입니다. 죄를 혐오할 때 비로소 죄에서 벗어날 희망이 보입니다.

셋째, 이미 지은 죄에 대해 진실하게 회개하는 것입니다. 예수 그리스도께서 십자가에서 나의 모든 죄를 도말하셨으니 이제 마음대로 죄를 지어도 상관없다고 생각하는 사람이 있다면, 그는 십자가의 도를 '교리'로만 알았지 '인격적'으로 그 사랑을 알았다고 할 수 없습니다. 홀어머니 밑에서 자란 아들이 어릴 때는 어머니의 사랑을 업신여기다가도 철이 들어서는 효자가 되는 이유는 어머니의 사랑을 인격적으로 깨달았기 때문입니다. 그는 자신이 행한 일이 사랑하는 어머니에게 얼마나 큰 아픔이 되는지를 알기에, 그동안 행했던 모든 악행을 청산합니다. 이와 같이 진실한 회개는 죄에 대한 벌이 두려워서 하는 것이 아닙니다. 참된 회개는 자신이 하나님의 사랑을 업신여긴 것에 대해 마음을 찢는 것입니다. 동일한 죄를 반복해서 짓더라도, 그때마다 마음을 찢고 회개하면 됩니다. 그러다 보면, 그 죄가 점점 힘을 잃습니다.

넷째, 거룩한 삶을 '맛보아 알아야' 합니다. 죄를 혐오하는 것에서 끝나는 것이 아니라 거룩한 삶의 맛이 얼마나 좋은지를 경험해야 합니다. 거짓이 얼마나 불편한 것이며 정직이 얼마나 편한 것인지, 미움이 얼마나 무거운 것이며 사랑이 얼마나 좋은 것인지, 이기심이 자신과 이웃을 얼마나 불행하게 하는 것이며 다른 사람에 대한 사랑이 나와 이웃을 얼마나 행복하게 하는 것인지, 부정한 이득이 얼마나 짐스러운 것이며 정직한 소득이 얼마나 행복한 것인지, 분노가 얼마나 사람을 질식시키는 것이며 용서가 얼마나 해방감을 주는 것인지, 부정한 관계가 얼마나 피곤한 것이며 순결한 관계가 얼마나 건강한 것인지, 그 차이를 깨달아 알아야 합니다. 이것은 맛보아 아는 수밖에 없습니다.

# 6

이렇게 네 가지 방법으로 우리는 죄의 유혹과 공격에 대처할 수 있습니다. 그렇게 할 때 우리는 죄의 결박에서 자유를 얻고 거룩한 삶을 즐기는 법을 배우게 됩니다. 성령의 인도를 따라 거룩하게 살면서 그 길에서 기쁨을 얻게 됩니다. 때로 죄로 인해 넘어질 때마다 하나님의 마음에 아픔을 드린 것을 깨닫고 통회하며 회개하고, 십자가 보혈의 공로를 힘입어 다시 일어섭니다. 이제는 하나님의 기쁨이 되기 위해 삽니다. 거룩하게 사는 것이 나 자신과 내가 사랑하는 사람들에게 행복의 길이며 그렇게 살아서 하나님께 기쁨이 되기에 그 길을 걸어갑니다.

운동을 즐기는 선수는 훈련과 연습을 즐겁게 감당하고, 자신감을 가지고 실전에 임하며, 경기에 최선을 다하고, 어떤 결과를 얻든 최선을 다한 것에 만족하고, 거기서 한 걸음 더 나아가기 위해 노력합니다. 십자가의 은혜를 아는 사람도 마찬가지입니다. 예수 그리스도께서 십자가에서 드리신 영원하고도 완전한 제사를 통해 모든 죄를 값없이 용서 받은 것에 감사하여 그 사랑에 보답하기 위해 거룩한 삶을 열망합니다. 거룩한 삶의 길로 지금까지 인도해 주신 것에 감사하되 결코 자만하지 않습니다. 더 온전히 거룩함에 이르기 위해 주께서 주시는 능력을 힘입어 앞으로 나아갑니다.

사랑하는 성도 여러분, 우리 자신을 살펴봅시다. 우리는 율법주의에 가깝습니까, 아니면 은혜의 복음에 가깝습니까? 우리는 돈을 벌기 위해 노력하는 선수를 닮았습니까, 운동 자체를 즐기는 선수를 더 닮았습니까? 우리는 아버지가 화내지 않을 만큼만 공부하는 아이와 같습니까, 아니면 공부 자체를 즐기는 아이와 같습니까? 우리는 죄로부터 얼마나 해방되었습니까? 우리는 죄를 진실로 혐오하며, 거룩한 삶을 진실로 즐거워하고 있습니까? 그 길에서 진보하고 있습니까? 우리 안에 하나님의 은혜가 얼마나 살아 있으며 그것은 얼마나 뜨겁습니까? 거룩한 삶이 거북한 것이 아니라 신나고 즐거운 일입니까?

그 모든 비밀이 십자가 위에 있습니다. 예수의 보혈 안에 있습니다. 주님의 성령께서 저와 여러분 모두와 함께하셔서, 죄로부터 더욱 더 멀어지고, 더욱 큰 기쁨으로 거룩한 길을 걸어가게 되기를 간절히 기원합니다.

십자가 위에서 물과 피를 다 쏟으시고 저희를 낳으신 주님,
저희로 그 사랑, 그 은혜를 알게 하소서.
주님의 사랑에 철들게 하소서.
매일같이 죄에 대해 죽게 하시고
의에 대해 살아나게 하소서.
죄를 짓는 것에 대해 예민하게 하시고
진실로 애통하는 마음을 주소서.
죄 속에 숨겨진 벌을 보게 하시어
죄를 혐오하는 마음을 갖게 하소서.
주님께서 걸으신 거룩한 길을
기쁨으로 걷게 하소서.
거룩한 삶이 얼마나 자유로우며 기쁜 것인지,
저희로 깨달아 알게 하소서.
아멘.

# 5 제단에 올려진 삶

예수께서 그들에게 말씀하셨다. "이 성전을 허물어라. 그러면 내가 사흘 만에 다시 세우겠다."

요한복음 2:19

형제자매 여러분, 그러므로 나는 하나님의 자비하심을 힘입어 여러분에게 권합니다. 여러분의 몸을 하나님께서 기뻐하실 거룩한 산 제물로 드리십시오. 이것이 여러분이 드릴 합당한 예배입니다. 여러분은 이 시대의 풍조를 본받지 말고, 마음을 새롭게 함으로 변화를 받아서, 하나님의 선하시고 기뻐하시고 완전하신 뜻이 무엇인지를 분별하도록 하십시오.

로마서 12:1-2

## 제물은 없다, 삶 전체가 제물이다

1

얼마 전 기독교 계통의 온라인 신문에서, 성경 말씀을 자기에게 필요한 대로 왜곡하는 한국교회의 사례에 대한 기사를 읽었습니다. 그중 하나의 예로 거론된 것이 솔로몬이 드린 '일천번제'입니다. 열왕기상 3장에 보면, 솔로몬이 왕위에 오른 뒤에 기브온 산당에서 일천번제를 드렸다는 기록이 있습니다. 율법 규정에 따르면, '번제'는 소나 양이나 염소 혹은 비둘기 같은 짐승을 잡아서 피를 쏟아 내고 살과 뼈를 제단에서 태워 바치는 제사입니다. '번제'라는 말에서 '번'(燔)은 '사르다', '태우다'라는 뜻입니다. 그래서 번제를 영어로 burnt offering이라고 합니다. 그러므로 솔로몬이 일천번제를 드렸다는 말은 천 마리의 짐승을 번제로 드렸다는 뜻입니다.

그런데 이 '일천번제'를 '일천 번 드린 제물'로 오해하는 사례가 한국교회에서 자주 발견됩니다. '태우다'는 뜻의 한자 '번'(燔)을 '차례'를 뜻하는 '번'(番)자로 오해한 것입니다. 몰라서 오해한 것인지, 일부러 왜곡한 것인지는 알 수 없습니다. 이유야 어쨌든, 그렇게 해석한 다음 '일천번제 헌금'이라는 것을 만들어 냈습니다. 솔로몬이 일천번제를 드리고 나서 하나님으로부터 축복을 받은 것처럼, 정해진 액수의 헌금을 일천 번 드리면 기도 응답을 받을 것이라고 가르칩니다.

여기에는 두 가지 문제가 있습니다. 하나는 성경을 오역했다는 문제입니다. 둘째는 '헌금'을 '제물'로 해석하고 있다는 문제입니다. 그리스도인들이 드리는 헌금은 예수님 이전에 유대인들이 드리던 제물과 질적으로 다른 것입니다. 유대인들은 하나님의 진노를 풀어 드리고 그분의 은혜를 얻기 위해 성전에서 제물을 드렸습니다. 하지만 예수님은 예루살렘 성전을 향하여 "이 성전을 허물어라!"라고 말씀하셨고, 십자가 위에서 영원하고도 완전한 제물을 드림으로써 제사를 폐지시키셨습니다. 우리는 그분이 십자가 위에서 드린 영원하고도 완전한 제물에 그 무엇을 더할 필요가 없습니다. 그러므로 그리스도인들이 드리는 '헌금'은 제물이 아닙니다.

전에 어느 시골 교회에 갔다가 깜짝 놀란 적이 있습니다. 예배당 입구에 여러 개의 헌금봉투가 꽂혀 있었는데, 그 이름이 모두 구약의 제물 이름을 딴 것이었기 때문입니다. '십일조 헌금', '일천번제 헌금', '속죄 헌금', '속건 헌금' 등의 글자가 봉투에 검은 글씨로 적혀 있었습니다. 이것은 매우 심한 경우이지만, 헌금을 제물로 생각하고 가르친다는 점에서 한국교회는 거의 예외가 없습니다. 헌금이 제물이 되면, 그것은 율법이 되고 의무가 되며, 강요와 협박이 뒤따라오게 됩니다. 그 결과, 예수 그리스도의 십자가 은혜는 말라 버리고 그 자리에 율법주의의 공포가 자리를 잡게 됩니다.

## 2

구약성경을 보면, 제물의 종류가 매우 다양합니다. 제물의 종류로는 번제(burnt offering), 화목제(peace offering), 속죄제(sin offering), 속건제(guilt offering)가 있고, 제물로 쓰이는 것으로는 소, 양, 염소, 비둘기 같은 짐승과 곡식과 포도주가 있었습니다. 제사 드리는 사람의 상황과 목적에 따라 제물에 대한 세밀한 규정이 있었고, 그 규정에 따라 제사를 드려야 했습니다. 예루살렘 성전에는 일 년 내내 제사를 드리려는 사람들이 줄을 이었습니다.

제사와 제물에 대한 이 모든 규정은 하나님께서 주신 은혜를 기억하고 그 은혜에 보답하려는 데서 시작되었습니다. 하지만 이스라엘 백성은 하나님의 은혜를 망각하고 점차 율법주의적으로 흐르게 되었습니다. 비유하자면, 부모님의 은혜를 기억하고 효도하던 사람이 점차 그 은혜에 둔감해져 나중에는 의무감으로 효도하는 것과 같은 상황이 일어난 것입니다. 부모님의 은혜가 마음에 살아 있으면 최선을 다해 효도를 하겠지만, 그 은혜가 메마르면 마음에 없는 효도를 하게 되고, 그마저 최소한으로 행하고 맙니다. 제사와 제물을 대하는 이스라엘 백성의 태도가 그러했습니다. 제물에 그들의 마음이 담기지 않았고, 그래서 최소한의 형식을 갖추는 것으로 만족했습니다. 제사와 제물에 대한 비판의 말씀이 구약성경에마저 자주 나오는 이유가 그 때문입니다.

제사와 제물에 대해 하나님께서 이스라엘 백성을 책망하신 첫 번째 이유는 '제사 따로, 생활 따로'의 현상 때문이었습니다. 제사 드릴 때는 하나님을 믿는 사람 같은데, 성전 바깥에서는 하나님을 믿는 사람답지 않다는 것입니다. 하나님께 제사 드리는 데는 정성을 쏟으면서도, 하나님의 뜻대로 사는 데는 관심이 없었습니다. 하지만 하나님은 제사와 제물에만 관심 있는 분이 아니십니다. 그분은 그들이 가정에서, 일터에서, 사회에서 살아가는 순간순간을 관심하십니다. 살아가는 과정에서는 악하게 살면서 제사에만 정성을 다한다면, 그 제사는 허위요 위선입니다. 이 점에서 가장 신랄한 비판의 메시지를 전한 사람이 예언자 호세아입니다.

> 에브라임이 죄를 용서받으려고
> 제단을 만들면 만들수록,
> 늘어난 제단에서 더욱 더 죄가 늘어난다.
> 수만 가지 율법을 써 주었으나,
> 자기들과는 아무런 관계도 없는 것처럼 여겼다.
> 희생제물을 좋아하여 짐승을 잡아서 제물로 바치지만,
> 그들이 참으로 좋아하는 것은 먹는 고기일 따름이다.
> 그러니 나 주가 어찌 그들과 더불어 기뻐하겠느냐?(호 8:11-13)

이와 같은 비판의 말씀은 구약성경 여러 곳에서 찾을 수 있습니다. 당시 이스라엘 사람들 가운데 많은 이들이 세상에서 자기 욕심대로 부정하게 이익을 챙기고, 가끔 성전에 와서 제사를 드림으로 그 죄

에 대한 용서를 빌고, 다시 세상에 나가서는 과거와 동일하게 행동했습니다. 하나님이 진실로 살아 계시다면, 이 같은 제사를 기뻐하시겠습니까? 만일 하나님이 묵묵히 제사를 받고 그 대가로 용서를 허락한다면, 그러고는 그들이 세상에서 범하는 죄악을 제삿밥의 대가로 묵인해 준다면, 그것은 우상이지 진리의 하나님, 정의의 하나님은 아닙니다.

그러니 많은 이스라엘 사람들이 하나님을 우상으로 취급한 것입니다. 그분이 성전 안에만 머물러 주시기를 바라고, 자신들이 바치는 제물을 받아 '잡수시고', 자신들이 세상에서 어떻게 사는지에 대해서는 '질끈' 눈감아 주기를 기대한 것입니다. 하나님의 시각에서 본다면, 그것은 그분을 능멸하는 처사였습니다. 그랬기에 하나님께서 진노하셨습니다. 예언자들을 통해, 그런 예배라면 집어 치우라고 명하셨습니다. 예언자 호세아를 통해 하나님은 이렇게 자신의 심정을 토로하십니다.

내가 바라는 것은 변함없는 사랑이지, 제사가 아니다.
불살라 바치는 제사보다는
너희가 나 하나님을 알기를 더 바란다(호 6:6).

3

제사와 제물에 대해 하나님께서 이스라엘 백성을 책망하신 두 번째 이유는 마음이 담기지 않은, 형식적인 제사와 제물 때문이었습니다. 예를 들어, 어떤 사람이 암소 한 마리를 번제로 드려야 할 일이 생겼습니다. 그에게는 암소가 여러 마리 있는데, 그는 그중에서 제일 마르고 병약한 암소를 제물로 가져갑니다. 어차피 곧 죽을 테니, 팔아도 제값을 받지 못할 것이니, 제물로나 쓰겠다고 생각한 것입니다. 이 경우, 그가 비록 율법의 형식은 지켰을지 모르나 그 제물은 하나님께 가증스러운 것이 됩니다. 그런 경우를 생각하면서 하나님께서는 말라기 예언자를 통해 다음과 같이 책망하셨습니다.

"제사장들아, 너희가 바로 내 이름을 멸시하는 자들이다.
그러나 너희는,
'우리가 언제 주님의 이름을 멸시하였습니까?' 하고 되묻는다.
너희는 내 제단에 더러운 빵을 바치고 있다.
그러면서도 너희는,
'우리가 언제 제단을 더럽혔습니까?' 하고 되묻는다.
너희는 나 주에게 아무렇게나 상을 차려 주어도 된다고 생각한다.
눈먼 짐승을 제물로 바치면서도 괜찮다는 거냐?
절뚝거리거나 병든 짐승을 제물로 바치면서도 괜찮다는 거냐?
그런 것들을 너희 총독에게 바쳐 보아라.
그가 너희를 반가워하겠느냐?
너희를 좋게 보겠느냐?
나, 만군의 주가 말한다"(말 1:6-8).

제사와 제물에 마음이 담기지 않은 이유도 하나님의 은혜에 대해 무감각해졌기 때문입니다. 하나님의 은혜가 느껴지지 않으니, 제물을 드리는 것이 아깝습니다. 안 드리자니 개운하지 않고, 드리자니 아깝습니다. 그러니 어떻게 합니까? 제사에 관한 율법의 형식만을 지키는 것입니다. 그렇게 하고는 율법을 범하지 않았다는 사실로 스스로를 위로합니다. 이것이 율법주의의 함정입니다.

'법'이라는 것이 원래 그렇습니다. "법은 최소한의 도덕이다"(Law is a minimum standard for public morality)라는 말이 있습니다. 인간으로서 마땅히 행해야 할 최소한의 기준을 명시한 것이 법이기 때문에 마음만 먹으면 얼마든지 빈틈을 만들어 자기 편의대로 사용할 수 있습니다. 이를테면, "살인하지 말라"는 율법을 형식적으로 지키기는 아주 쉽습니다. 다른 사람의 목숨을 해치지만 않으면 형식상 이 율법을 지켰다고 할 수 있습니다. 다른 사람을 미워하는 것도 괜찮고, 목숨을 해치지 않을 만큼 해코지하는 것도 괜찮습니다. 실제로는 한 사람을 정신적으로나 사회적으로 죽게 만들어 놓고, 나는 그 사람의 목숨을 해치지 않았으니 율법에 흠이 없다고 생각할 수 있습니다. 이것은 율법의 형식을 지키는 것입니다.

과거에 빌 클린턴 대통령이 선거 유세 중, 영국 유학 시절에 마리화나를 피웠다는 의혹을 받았습니다. 실제로 친구들과 마리화나를 피우는 사진도 공개되었습니다. 그때 빌 클린턴은 뛰어난 법학도답게 이렇게 답했습니다. "나는 영국에 있을 때 한두 번 마리화나에 대해 실험해 보았습니다. 나는 그것을 좋아하지 않았고, 그 연기를 마시지도 않았습니다. 그 이후로 다시는 시도하지 않았습니다." 그가 마리화나를 "실험해 보았다"거나 "마시지 않았다"고 말하는 것은, 법적·도덕적 비난에서 벗어나기 위한 법학도의 뛰어난 언변일 수는 있으나 정직하지 못한 언어 선택입니다.

4

제사와 제물에 대해 유대인들이 범했던 두 가지의 잘못에 대해 예수님도 공감하셨습니다. '제사 따로, 생활 따로'의 문제에 대해 예수님은 다음과 같이 책망하십니다.

> 율법학자들과 바리새파 사람들아! 위선자들아! 너희에게 화가 있다! 너희는 박하와 회향과 근채의 십일조는 드리면서, 정의와 자비와 신의와 같은 율법의 더 중요한 요소들은 버렸다. 그것들도 소홀히 하지 않아야 했지만, 이것들도 마땅히 행해야 했다. 눈먼 인도자들아! 너희는 하루살이는 걸러 내면서, 낙타는 삼키는구나!
> (마 23:23)

여기에서 언급한 '박하와 회향과 근채'는 음식 재료 혹은 약재로 쓰이는 식물인데, 율법에 따르면 이것들은 십일조를 드리는 항목에 포함되지 않습니다. 율법의 자구만 따지면, 십일조를 드리지 않아도 된다는 말씀입니다. 하지만 율법학자들과 바리새파 사람들은 하나님께 대한 열심을 과시하기 위해 십일조를 하지 않아도 되는 식물까지도 십일조를 드렸습니다. 바리새인들의 자부심 가운데 이런 것이 있습니다. "우리는 십일조를 드리지 않은 음식은 그 무엇도 입에 넣지 않겠다." 참으로 그들은 율법에 대한 특별한 열심을 과시하던 사람들이었습니다.

그렇게 십일조를 드리는 일에 열심을 다하는 사람들이 일상 생활에서는 하나님을 믿는 표시가 나지 않았습니다. 정의에 대해 관심이 없었습니다. 다른 사람들을 자비롭게 대하지 않았습니다. 신의를 지키는 데 있어서도 그들의 율법적 열심이 전혀 차이를 만들어 내지 못했습니다. 그런 것은 하나님의 관심사가 아닌 것처럼 행동했습니다. 정의와 자비와 신의는 다만 몇 가지 예일 뿐입니다. 정직, 순결, 겸손, 양보, 배려, 염치, 예의 등 열거하자면 끝이 없습니다. 이 같은 덕에 대해 하나님께서는 제사 제물만큼이나 관심을 두고 계십니다.

'제사 따로, 생활 따로'의 현상을 책망하시면서 예수님은 '하루살이는 걸러 내고 낙타는 삼키는 어리석음'이라고 비유하십니다. 물질의 십일조를 드리는 일이 하루살이라면, 일상 생활 속에서 하나님의 뜻을 실천하는 일은 낙타라는 것입니다. 그렇다고 해서 십일조를 하지 말라는 뜻이 아닙니다. "그것들도 소홀히 하지 않아야 했지만, 이것들도 마땅히 행해야 했다"는 말씀에서 '그것들'은 물질의 십일조를 드리는 것을 가리키고, '이것들'은 정의와 자비와 신의를 실천하는 것을 가리킵니다. 물질의 십일조도 드려야 하지만, 정의와 자비와 신의를 실천하는 일에도 마음을 다해야 한다는 말씀입니다.

## 5

예수께서는 제사와 제물에 대해 유대인들이 범했던 잘못에 공감하고 비판하시는 데서 끝나지 않았습니다. 그분은 아예 제사와 제물을 끝내 버리셨습니다. 예루살렘 성전을 두고 "이 성전을 허물어라!"라고 말씀하시고 십자가 위에서 영원하고도 완전한 제사를 드리심으로 제사와 제물을 더 이상 드리지 않아도 되게 하셨습니다. 예수 그리스도의 십자가는 하나님께서 이미 우리의 모든 죄를 용서하시고 우리가 돌아오기를 두 팔 벌려 기다리고 계시다는 사실을 웅변적으로 증언하고 있습니다. 예수 그리스도의 보혈 공로 안에서 우리는 제사와 제물 없이도 담대하게 하나님께 나아갈 수 있게 되었습니다.

그러므로 우리가 하나님께 올리는 것은 더 이상 '제사'가 아닙니다. 우리에게 주신 구원과 사랑에 응답해 드리는 '찬양'과 '경배'와 '예배'입니다. 우리가 하나님 앞에 엎드리는 것은 두려워 떨며 '제발 살려 주십시오!' 하고 비는 것이 아닙니다. 하나님께 받은 사랑이 너무도 크고 놀라워서, 그 사랑에 감복하여 "성은이 망극하나이다!" 하고 엎드리는 것입니다. 우리가 하나님께 드리는 헌금은 하나님께서 우리에게 주신 은혜에 어떻게든 보답하기 위해 드리는 것입니다.

이 얼마나 놀라운 소식입니까? 자신의 죄성으로 인해 한 번이라도 진실하게 떨어 본 사람이라면, 십자가의 복음이 얼마나 놀라운 소식인지를 인정하실 것입니다. 하나님의 절대적인 거룩성 앞에 설

때, 우리는 자신의 절대적인 죄성을 깨닫고 꼼짝없이 죽게 되었음을 깨닫습니다. 하나님과 자신 사이에 벌어진 간격을 메우기에는 그 어떤 제물도 부족하다는 것을 자인하고 절망하게 됩니다. 그때 우리는 십자가를 바라봅니다. 예수 그리스도께서 나의 모든 죄에 대한 징벌을 받고 돌아가셨다는 사실이 믿어지지 않지만 그것밖에는 희망이 없다는 사실을 깨닫고 주님의 이름을 부릅니다. 주님께서 드리신 영원하고도 완전한 제사로 우리의 모든 죄를 사해 주시고, 주님 보혈의 능력으로 우리를 새롭게 지어 주시기를 기도합니다.

그렇게 맡기고 기도할 때, 십자가는 살아 있는 능력이 되어 우리를 새롭게 해 줍니다. 우리는 그리스도 예수 안에서 새로운 존재로 지어집니다. 새로운 존재로 지어진 우리는 더 이상 제물을 드리지 않습니다. 이제 우리의 삶 전체가 제물이 됩니다. 우리의 삶 전체, 우리의 시간 전체, 우리가 가진 물질 전체가 하나님에게 드려진 제물이 됩니다. 예수 그리스도를 믿는 사람은 하나님의 전적인 은혜와 사랑에 감격하여 자신의 전부를 바치는 사람입니다. 로마서 말씀 속에서 바울 사도가 하는 말이 그것입니다.

> 형제자매 여러분, 그러므로 나는 하나님의 자비하심을 힘입어 여러분에게 권합니다. 여러분의 몸을 하나님께서 기뻐하실 거룩한 산 제물로 드리십시오. 이것이 여러분이 드릴 합당한 예배입니다(롬 12:1).

비유하자면, 예수 그리스도의 보혈의 공로로 구속되는 순간, 그 사람의 인생은 하나님의 보이지 않는 제단 위에 올려진 것입니다. 삶 전체가 제사요 제물로 드려지는 것입니다. 시간의 일부만 떼어 바치는 예배가 아닙니다. 물질의 일부만 떼어 바치는 제사가 아닙니다. 예배당에서 행하는 행동만을 두고 말하는 것이 아닙니다. 우리의 모든 시간, 우리의 모든 물질, 우리의 모든 행동이 제단에 올려진 제물입니다. 하나님의 뜻대로 사용되도록 내어놓은 인생이 됩니다. 이것이 우리가 드릴 합당한 예배입니다.

6

여기까지 들으시고, 뭔가 잘못되어 가고 있는 느낌을 받는 분이 있으실 것 같습니다. 예수 그리스도께서 십자가에서 드리신 영원하고도 완전한 제사로 인해 이제 더 이상 제사 드릴 이유가 없다는 말을 듣고 해방감을 느꼈는데, 예수 그리스도에 의해 구속받은 사람은 그의 모든 시간과 물질과 인생이 하나님의 제단에 올려진 제물이 된다는 말을 듣고 더 큰 부담을 느낄 수 있습니다. 복음이 우리를 율법의 족쇄로부터 해방시키는 힘인 줄 알았는데, 더 큰 짐을 지우는 것처럼 느낄 수 있습니다. 내 시간 전체를 제물로 내어 드리는 은혜의 복음보다, 시간의 일부만 바치는 율법주의가 더 편해 보일지 모릅니다. 내 물질의 일부를 제물로 바치는 율법주의가 내 물질의 전부를 하나님께 드려진 제물로 여기는 은혜의 복음보다 더 이롭게 보일지 모릅니다.

바로 여기에 율법주의의 함정이 있습니다. 율법주의는 우리에게 유익하고 이롭게 해 주겠다는 구실로 우리를 속입니다. 하나님을 적당히 만족시키면서 동시에 욕심도 함께 만족시킬 방도가 있다고 속입니다. 하지만 율법주의에 빠져 버리면, 결국 우리는 살아 계신 하나님이 아니라 우상을 숭배하는 것이 되고, 우리의 영성은 죽어 버립니다. 의무감에 형식만 만족시키는 정도에서 신앙 생활을 하게 됩니다. 하나님과의 관계는 피상적이고 형식적인 차원에 머물러 버립니다. 신앙 생활에 기쁨도 없고 활력도 없습니다. 오직 하나님의 진노를 피하기 위해 우울한 마음으로 제사를 드립니다. 율법주의는 우리를 이롭게 하는 것 같지만, 결국은 하나님과 우리의 관계를 절단 내는 것이 되어 버립니다.

또 하나 기억할 것이 있습니다. 우리의 삶 전체를 하나님께 제물로 내어 드리는 것은 우리의 노력만으로는 할 수 없는 일입니다. 우리의 노력으로 하려면, 그것은 율법을 지키는 것보다 훨씬 더 고통스러운 일이 될 것이며, 우리는 그 일에 성공할 수도 없습니다. 하나님께서는 우리가 담당하지 못할 짐을 지우시는 분이 아닙니다. 하나님께서 삶 전체를 제물로 드리는 삶을 우리에게 제시하신 이유는, 그것이 우리를 진실로 행복하게 하는 길이기 때문이며, 또한 그렇게 할 수 있는 능력을 그분께서 우리에게 주실 것이기 때문입니다. 그래서 바울 사도는 로마서에서 이렇게 말씀합니다.

여러분은 이 시대의 풍조를 본받지 말고, 마음을 새롭게 함으로 변화를 받아서, 하나님의 선하시고 기뻐하시고 완전하신 뜻이 무엇인지를 분별하도록 하십시오(롬 12:2).

이 짧은 말씀 속에서 바울 사도는 우리의 전 생애를 제물로 드릴 수 있는 비결을 밝히고 있습니다. 이것을 잘 기억하면, 복음이 주는 자유와 능력을 누릴 수 있습니다.

첫째, "이 시대의 풍조를 본받지 말라"고 말씀합니다. 이 구절을 직역하면, "이 시대의 풍조에 사로잡히지 말라"고 할 수 있습니다. 여기서 수동태의 동사를 쓴 것을 주목해야 합니다. 우리가 이 사회의 가치관, 세계관, 인생관, 성공관, 물질관을 적극적으로 따라가지 않더라도, 방비를 하지 않으면 그것들이 우리를 지배하게 되어 있습니다. 그렇게 되도록 내버려 두지 말라는 말씀입니다. 모든 것을 배격하라는 말이 아니라, 분별력을 가지고 해로운 것으로부터 자신을 지키라는 말씀입니다.

둘째, "마음을 새롭게 함으로 변화를 받으라"고 말씀합니다. 여기서도 역시 수동태 동사를 사용합니다. 내가 나 자신을 변화시키는 것이 아닙니다. 성령께서 나를 변화시키도록 내어 드리는 것입니다. "마음을 새롭게 하라"는 말씀은 이 세상의 가치관을 따르지 말고 성령께 자신을 내어 드리라는 뜻입니다. 그렇게 하면 변화를 받을 수 있습니다. 변화를 받으면 나의 모든 것을 제물로 드리는 삶을 살 수 있습니다. 그때, "하나님의 선하시고 기뻐하시고 완전하신 뜻이 무엇인지를 분별"할 수 있기 때문입니다.

「메시지」 성경에서 유진 피터슨은 로마서 12장 1-2절을 다음과 같이 번역해 놓았습니다. 이 번역 안에 오늘 제가 드린 말씀이 요약되어 있습니다.

> 그러므로 나는, 이제 여러분이 이렇게 살기를 바랍니다. 하나님께서 여러분을 도우실 것입니다. 여러분의 매일의 삶, 일상의 삶—자고 먹고 일하고 노는 모든 삶—을 하나님께 헌물로 드리십시오. 하나님께서 여러분을 위해 하시는 일을 받아들이는 것이, 바로 여러분이 그분을 위해 할 수 있는 최선의 일입니다. 문화에 너무 잘 순응하여 아무 생각 없이 동화되어 버리는 일이 없도록 하십시오. 대신에, 여러분은 하나님께 시선을 고정하십시오. 그러면 속에서부터 변화가 일어날 것입니다. 그분께서 여러분에게 바라시는 것을 흔쾌히 인정하고, 조금도 머뭇거리지 말고 거기에 응하십시오. 여러분을 둘러싸고 있는 문화는 늘 여러분을 미숙한 수준으로 끌어 낮추려 하지만, 하나님께서는 여러분에게서 최선의 것을 이끌어 내시고 여러분 안에 멋진 성숙을 길러 주십니다.

7

사랑하는 성도 여러분, 여러분의 삶 전체가 제물로 드려지는 삶에 한번 도전해 보지 않겠습니까? 그 삶에 잔치의 비밀이 있습니다. 예배당에서 드리는 예배만이 예배가 아니라, 집에서, 직장에서, 체육관에서, 골프장에서 혹은 유흥장에서 행하는 행동까지도 모두 예배가 될 때, 비로소 잔치의 흥을 제대로 맛보게 될 것입니다. 예수께서는 그 잔치의 삶으로 우리를 초청해 주셨고, 또한 그 잔치가 가능하도록 모든 것을 준비해 두셨습니다. 우리가 할 일은 다만 그분의 선물을 감사함으로 받아들이고 우리의 모든 것을 주님의 제단에 올려놓는 것입니다. 그것이면 됩니다. 그렇게 하여 먹고 마시는 것까지 하나님을 영화롭게 해 드리기 위해 노력할 때, 우리 삶에 비로소 참된 변화가 일어날 것입니다. 하나님의 제단에 올려져 그분의 뜻을 위해 바쳐지는 것이 진정한 자아실현이며, 가장 복된 삶의 길입니다.

그러니 늘 생각합시다. 우리는 이미 하나님의 제단 위에 올려진 제물이라는 사실을 말입니다. 나 자신으로 살아가는 삶은 이미 끝났다는 것을 매일 선언하고 또한 기억합시다. 가정에서든, 직장에서든, 교회에서든, 그 어디서든, 하나님의 제단에 바쳐진 제물로 살아갑시다. 하나님의 뜻을 위해 나의 모든 시간과 생명과 물질이 사용되는 것을 소망하며 그렇게 살아갑시다. 그러기 위해 매일 성령의 인도하심에 자신을 내어 맡깁시다. 하나님께서 열어 주신 길이므로, 그분께서 능력을 주실 것입니다. 우리의 행복을 우리 자신보다 더 간절히 바라시는 하나님께서 열어 주신 길이므로 그 길을 걸을 때 우리는 진실로 행복할 것입니다.

십자가 위에서

영원하고도 완전한 제물이 되신 주님,

저희도 그렇게 되기를 원합니다.

저희 삶을 주님의 제단에 올려놓습니다.

저희의 생명과 시간과 재물을 모두

주님 제단에 올려놓습니다.

주님,

쓰시옵소서.

주님의 뜻대로 다 쓰시옵소서.

저희를 인도하시어

매일 그렇게 살도록 인도하소서.

아멘.

# 6 믿음의 담력

예수께서 그들에게 말씀하셨다. "이 성전을 허물어라. 그러면 내가 사흘 만에 다시 세우겠다."   요한복음 2:19

그러나 우리에게는 하늘에 올라가신 위대한 대제사장이신 하나님의 아들 예수가 계십니다. 그러므로 우리의 신앙 고백을 굳게 지킵시다. 우리의 대제사장은 우리의 연약함을 동정하지 못하시는 분이 아닙니다. 그는 모든 점에서 우리와 마찬가지로 시험을 받으셨지만, 죄는 없으십니다. 그러므로 우리는 담대하게 은혜의 보좌로 나아갑시다. 그리하여 우리가 자비를 받고 은혜를 입어서, 제 때에 주시는 도움을 받도록 합시다.   히브리서 4:14-16

## 제사장은 없다, 모두가 제사장이다 1

1

저는 이제까지 몇 장에 걸쳐서, 예루살렘 성전을 향해 "이 성전을 허물어라!"라고 말씀하신 예수님의 뜻을 헤아리고 있습니다. 그 말씀은 율법주의의 포로가 된 성전 종교가 하나님의 심판을 받아 끝장 날 것을 예언하는 말씀이었습니다. 그분은 3년 여 동안 활동하시면서 유대인들의 영성을 결박하고 있던 율법주의와 싸우셨고, 그것을 대치할 은혜의 복음을 가르치셨습니다. 그러고는 마침내 십자가 위에서 완전하고도 영원한 제사를 드리고 돌아가셨습니다. 하나님께서는 그 예수님을 사흘 만에 부활시키셨습니다. 이로써 율법주의를 끝내고 '은혜의 복음'을 완성하셨습니다.

예루살렘 성전이 허물어지면 제사도 끝나고 제물도 드릴 필요가 없어집니다. 그 일이 일어나면 사라져야 할 것이 또 하나 있습니다. 제사장들입니다. 오늘날의 목사들은 훈련과 심사를 통해 양성되지만, 이스라엘의 제사장들은 혈통으로 결정되었습니다. 이스라엘의 열두 지파 중에서도 레위 지파, 그리고 레위 지파 중에서도 아론의 혈통을 이은 남자들만이 제사장이 될 수 있었습니다. 아론의 자손 가운데서도 사독 가문의 남자들만이 대제사장이 될 수 있었습니다. 후대로 오면서 대제사장의 자리는 정치 권력에 의해 결정되었고, 예수님 당시에는 로마 황실에 의해 임명되었습니다.

제사장이 혈통을 따라 결정되다 보니, 그 수가 적지 않았습니다. 역사 기록을 보면, 예수님 당시에 적게 잡아도 일만 명 정도의 제사장들이 있었습니다. 이들은 24개 조로 편성되어, 일주일씩 돌아가며 성전에서 제사장의 임무를 수행해야 했습니다. 그러니까 평소에는 자신의 생업에 종사하다가 일 년에 두 주일을 성전에 와서 '부역'을 하면 되었습니다. 제사장들 가운데는 성전에서 전임으로 일하는 사람들도 있었습니다. 이 제사장들은 상당한 재산과 권력을 누리는 귀족층이었습니다. 연중무휴로 진행되는 성전 제사는 그들의 금고나 다름없었습니다. 또한 그들은 성전 뜰에서 돈을 바꾸어 주거나 제물을 파는 상인들과 결탁하여 재산을 불렸습니다. 물론 그들 가운데는 진실하고 정직하고 청렴하고 바른 제사장들도 있었지만, 대체로 부패하고 오염되어 있었습니다.

이 같은 상황에서 예수님은, 성전의 권력자들 앞에 서서 "이 성전을 허물어라!"라고 말씀하셨습니다. 그 말씀은 성전에서 기득권을 누리고 있던 제사장 귀족층에게는 커다란 위협으로 들렸을 것입니다. 성전이 허물어지면 평생 끊어지지 않을 줄 알았던 돈줄이 끊어져, 다른 제사장들처럼 땀 흘려 일해서 먹고 살아야 할지 모릅니다. 그러니 그들의 눈에 예수님이 얼마나 눈엣가시처럼 보였겠습니까? 제사장 귀족층이 바리새인들과 협잡하여 예수님을 십자가에 못

박은 가장 큰 동기 중 하나가 바로 여기에 있습니다.

2

예수께서는 예루살렘 성전이 심판 받을 것이라는 사실을 예언하셨을 뿐 아니라, 그분 자신이 몸소 대제사장의 역할을 떠맡아, 자신의 생명을 바쳐서 영원하고도 완전한 제사를 드리셨습니다. 그런 까닭에 히브리서 기자는 예수 그리스도를 '위대한 대제사장'이라고 부릅니다(4:14). 그분을 '위대하다'고 묘사한 이유는 다른 제사장들과는 비교할 수 없는 영원한 특성이 그분의 제사장직에 있기 때문입니다.

히브리서 기자는 9장에서 일반 제사장들과 예수님의 '위대한 제사장직'을 대조하여 설명해 줍니다. 모든 제사장은 혈통을 따라 결정되지만, 예수님은 하나님께서 직접 임명하시고 세워 주신 대제사장입니다. 다른 제사장은 인간의 손으로 지은 성전에 들어가 짐승의 피로 제사를 드리지만, 예수님은 하나님의 영원한 성소에 들어가 그분의 보혈로 제사를 드리셨습니다. 다른 제사장은 끊임없이 반복해서 제사를 드려야 하지만, 예수님은 단 한 번에 영원하고도 완전한 제사를 드리셨습니다. 그러고는 부활 승천하셔서 하나님의 성소에 들어가 지금도 대제사장으로 일하고 계십니다. 히브리서 기자는 예수 그리스도의 대제사장직에 대해 다음과 같은 말로 결론을 맺습니다.

이와 같이 그리스도께서도 많은 사람의 죄를 짊어지시려고, 단 한 번 자기 몸을 제물로 바치셨고, 두 번째로는 죄와는 상관없이, 자기를 기다리고 있는 사람들에게 나타나셔서 구원하실 것입니다 (히 9:28).

사정이 이렇기 때문에, 예수 그리스도를 주님으로 영접한 사람들에게는 더 이상 제사도 필요 없고, 제물도 필요 없고, 따라서 제사장도 필요 없습니다. 이제는 예수 그리스도의 보혈의 공로 안에서 성부 하나님께 담대히 나아갈 수 있습니다. 하나님과 우리 사이에 다른 누가 개입할 이유가 없습니다. 디모데전서에 기록된 초대 교회의 한 신앙 고백문은 이 사실을 아주 정확히 묘사하고 있습니다.

> 하나님은 한분이시요,
> 하나님과 사람 사이의 중보자도 한분이시니,
> 곧 사람이신 그리스도 예수이십니다.
> 그분은 모든 사람을 위해서
> 자기를 대속물로 내주셨습니다(딤전 2:5-6).

죄를 회개하기 위해서든, 은혜를 구하기 위해서든, 혹은 애정 깊은 사귐을 나누기 위해서든, 우리는 제사장의 중재 없이 예수 그리스도의 보혈의 공로를 의지하여 담대히 성부 하나님 앞에 나아갈 수 있게 되었습니다. 예수 그리스도는 과거에 십자가 위에서 한 번 대제사장의 역할을 하고 만 것이 아니라, 지금도 하나님의 보좌 우편에서 우리를 위해 중보하고 계시기 때문입니다.

그렇기 때문에 예수 그리스도의 은혜의 복음 안에는 제사장이 존재할 수 없습니다. 제사장 역할은 이미 예수 그리스도의 위대한 대제사장직에 모두 흡수되어 버렸습니다. 만일 누군가 스스로 제사장을 자처한다면, 예수 그리스도의 십자가 희생을 부정하는 셈이 됩니다. 만일 하나님과 자신 사이에 누군가가 끼어들어 도와주기를 기대한다면, 그 사람 역시 예수 그리스도의 십자가 능력을 부인하는 것이며 그분의 보혈의 능력을 무시하는 것입니다.

3

사정이 이렇게 분명한데도, 지난 2천 년 기독교 역사를 살펴보면, 이미 폐지된 제사장직을 복권시키려는 음모가 꾸준히 꿈틀대고 있었습니다. 그 음모는 성직자들에 의해 모의되기도 했고, 평신도들에 의해 모의되기도 했습니다. 오늘날에도 그 같은 경향은 여전합니다. 가톨릭교회든, 개신교회든 사정은 크게 다르지 않습니다.

이 대목에서 가톨릭교회와 개신교회의 차이를 언급하지 않고 넘어갈 수가 없습니다. 가톨릭교회는 주교(bishops)와 신부(priests)가 사도직을 계승했을 뿐 아니라, 구약의 제사장직까지 계승했다고 가르칩니다. 가톨릭 사전에 보면, "사제직은 신과 인간과의 중재의 임무를 가진다"고 정의하고 있습니다. 또한 '사제'라는 말과 '제사장'이라는 말은 같은 뜻입니다. 영어에서는 구분 없이 priest라는 하나의 단어로 쓰고 있습니다. 개신교를 시작한 종교 개혁자들은 이 같은 신학과 제도가 예수 그리스도의 십자가 사건을 무효화시키는 것이라고 보았고, 그래서 가톨릭교회의 교권 체제를 거부했습니다.

가톨릭교회에 있는 것 가운데 개신교회에 없는 것이 여러 가지가 있는데, 그중 하나가 '고해 성사'입니다. 자신의 죄를 신부 앞에서 고백하고 사죄를 받는 의식입니다. 가톨릭교회에서는 죄를 용서하는 권한이 예수님에게 주어졌고, 그 권한이 다시 열두 사도에게 인계되었으며, 그것이 마침내 주교와 신부에게 인계되었다고 가르칩니다. 그래서 하나님 대신 신부 앞에서 자신의 죄를 고백하고, 신부는 하나님 대신 용서를 확인해 줍니다. 신부는 하나님과 신자 사이에 중재자로서 역할을 하는 것입니다.

개신교회는 이것이 성경을 오역한 결과라고 생각합니다. 사죄하는 권한은 믿음의 공동체, 곧 교회에 준 것이지 특정 사람들에게 준 것이 아니라고 믿습니다. 또한 인간이 사죄를 선언하는 것은 자신에게 주어진 권위로 하는 것이 아니라, 예수 그리스도를 통해 이미 주어진 사죄의 은혜를 확인시켜 주는 것이어야 한다고 믿습니다. 개신교회에서 고해성사를 하지 않는 이유가 여기에 있습니다. 개신교인들은 언제 어디서든 예수 그리스도의 은혜를 힘입어 하나님 앞에 나아갈 수 있다고 믿습니다. 하나님 대신 누군가에게 죄를 고백하고 싶으면, 믿음의 가족 가운데 영적으로 신뢰가 가는 사람에게 하면 됩니다. 죄 고백을 들은 사람은 죄를 고백한 형제나 자매에게 예수 그리스도의 속죄의 은혜를 확인시켜 주고 함께 기도하면 됩니다.

이렇듯 가톨릭교회에서는 신부를 제사장으로 가르치지만, 개신교회에서는 목사를 제사장으로 보지 않습니다. 목사는 제사장이 아닙니다. 신약성경을 보면, 초대 교회에서 누군가에게 제사장이라는 직함을 준 예가 없습니다. 개신교회는 그 전통을 지키는 것이 옳다고 믿습니다. 목사는 하나님의 부름을 따라 불려 나온 '백성'의 일원입니다. 다만, 책임이 다르고 기능이 다를 뿐입니다.

4

이 대목에서, 자신이 개신교인이라는 사실에 은근히 자부심을 느끼는 분이 있을지 모르겠습니다. 하지만 실제에 있어서는 별로 자랑스러워할 것이 없습니다. 개신교 목회자와 교인들 가운데는 종교 개혁자들의 그 고귀한 유산을 망각한 채 다시금 제사장직을 복구시키려는 사람들이 적지 않기 때문입니다. 아니, 이미 목회자를 제사장으로 생각하는 사고방식은 개신교 안에 굳어질 대로 굳어져 있습니다.

여기에는 목회자들의 책임이 큽니다. 목회자들이 그렇게 가르치고 그렇게 행동해 왔기 때문입니다. 그것은 목회자의 권위를 강화시키는 데 도움이 됩니다. 많은 목회자들이 구약에 나오는 제사장직을 그대로 목회자에게 적용하면서, 구약 시대에 이스라엘 백성에게 요구되었던 복종과 희생을 교인들에게 요청하고 있습니다. 어떤 목회자는, 장로는 레위인에 속하고 부목사와 전도사는 제사장에 속하며 담임목사는 대제사장에 해당한다고 가르친다고 합니다. 그러면서 구약의 대제사장은 무엇이든 최상의 물건만을 사용했기 때문에 담임목사도 그렇게 해야 한다고 가르친다고 합니다.

  이것은 상당히 심한 사례이기는 하지만, 한국 개신교회는 목회자에 대한 대접, 충성, 복종, 희생에 있어서 다른 어느 나라에서도 보기 힘들 만큼 대단합니다. 교회 안에서 목회자는 언제나 특권층에 속한다고 생각합니다. 하지만 그래서는 안 됩니다. 참된 교회라면, 목회자와 모든 성도가 예수 그리스도 안에서 한 형제자매로 '서로' 섬겨야 합니다. 성숙한 성도라면, 목사를 대하는 태도와 다른 교인을 대하는 태도가 다르지 않아야 합니다. 목회자도 특별 대우를 기대해서는 안 됩니다. 제사장으로 군림하려 해서는 안 됩니다. 종으로 섬길 수 있어야 합니다.

  제가 사는 지역에서 통역 일을 하는 분을 만난 적이 있습니다. 공항이나 관공서 같은 곳에서 영어로 의사소통을 하지 못하는 사람이 있을 경우, 직원이 그분에게 전화하여 통역을 의뢰한다고 합니다. 그분에게서 들은 이야기입니다. 가끔 목사들을 위해 통역할 일이 생기는데, 다 그런 것은 아니지만, 적지 않은 분들이 대화 중간에 그러신다고 합니다. "아, 나 목산데……나, 목사란 말이야……." 그러면서 그분이 제게 묻습니다. "그래, 목사라서 어쩌라는 겁니까?" 자기와는 아무 상관없는, 일면식도 없는 사람과 전화로 통화하면서, 목사니까 특별 대우를 해 달라고 요청하는 탓에 때로 할 말을 잃는다고 합니다.

이 말을 듣는데, 제 얼굴이 얼마나 화끈거렸던지요! 목회자가 스스로를 제사장으로 여기고 특별 대우 받는 것에 너무도 익숙한 나머지 누구에게나 그런 대접을 기대하고 강요할 정도가 되었다면, 이 얼마나 부끄러운 일입니까? 지난 주간에 만난 어느 원로목사님에게서 다음과 같은 말씀을 들었습니다. "요즘, 사람들이 목사 앞에서 굽신굽신하는데, 돌아서서는 뭐라고 하는지 알아? 그것도 모르고, 자기 앞에서 굽신거린다고 좋아하지 말아야지!" 그렇습니다. 강요된 존경, 강요된 복종, 강요된 헌신은 아무 쓸모없는 것입니다. 아니, 역겨운 것입니다.

한국교회의 갱신을 위해 가장 필요한 일은 목회자가 제사장으로서 누리던 특권을 내려놓은 것이라고 믿습니다. 누구에게 떠밀려서 혹은 억지로 강요되어 내려놓는 것이 아니라, 자신의 소명이 무엇인지 알고 기꺼이 내려놓아야 합니다. 바울 사도가 고린도전서에서 토로한 고백을 기억해야 합니다.

나는 어느 누구에게도 얽매이지 않은 자유로운 몸이지만, 많은 사람을 얻으려고, 스스로 모든 사람의 종이 되었습니다(고전 9:19).

이 고백이 모든 목회자의 마음에서 울려 나와야 할 것입니다. 이렇게 말하면서 저는 두렵고 떨립니다. 저도 이 점에서 부족함이 많을 것이기 때문입니다. 오늘 저는 다만 그 진리를 다시 한 번 확인하면서, 이 점에서 더욱 노력할 것을 약속드립니다.

5

개신교회 안에서 목회자를 제사장으로 여기는 사고방식이 공고하게 자리를 잡은 데는 평신도들의 책임도 적지 않습니다. 평신도는 목회자를 제사장으로 인정해 주는 대신, 목회의 모든 책임을 그에게 떠넘깁니다. 스스로 영적 성장을 위해 노력하기를 게을리하고, 모든 것을 목사가 대신 해 주기를 기대합니다. 스스로 말씀을 읽고 묵상하며 생수를 길어 올리기를 귀찮게 여깁니다. 목회자가 먹기 좋게 요리해서 떠먹여 주기를 기대합니다. 무슨 일이 생기면 스스로 하나님 앞에 나아가 기도하기보다는 목회자가 대신 기도해 주기를 바랍니다. 먹고 살도록 해 주었으니, 자신들 대신에 자신들의 모든 영적 요구를 채워 달라고 요구하고 기대합니다. 그렇게 의존적으로 신앙 생활을 하는 가운데 평신도의 영성은 파리하게 여위어 갑니다.

평신도가 이렇게 의존적인 신앙에 머물게 되면, 목회자는 아주 편해집니다. 할 일이 많아져서 육신은 피곤하지만, 마음은 편합니다. 강단에서 무슨 말을 하든, 성도들이 "아멘!"으로 응답하고 받아들여 주기 때문입니다. 이런 것에 익숙해지면, 목회자는 평신도가 성경에 대해 많이 아는 것을 은근히 싫어하게 됩니다. 신앙 생활에 대해 무슨 질문이라도 하려고 하면, 마치 큰 시험에 든 것처럼 정죄하고 억압합니다. 지난 반세기 동안 한국 개신교회는 평신도를 우민화했고, 평신도의 침묵과 묵인 속에서 교회는 타락해 왔습니다. 이 같은 '침묵의 카르텔'로 인해 오늘날 한국교회 강단에서 복음의 진리가 얼마나 왜곡되고 있는지, 그 실상을 제대로 안다면 탄식하며 기도하지 않을 수 없습니다.

목회자와 평신도의 결탁이 우리 모두의 영성에 얼마나 치명적인 해를 입히는지를 알아야 합니다. 그 부정한 결탁이 하나님 나라의 복음에 얼마나 큰 해를 입히는지를 깨달아야 합니다. 목회자 한 사람이 목회의 모든 짐을 독점하는 것이, 하나님 나라의 복음을 전하는 데 얼마나 해로운 것인지를 알아야 합니다. 목회자와 평신도가 영적으로 함께 자라가야 합니다. 목회자와 평신도가 성령께서 주신 은사에 따라 목회와 선교 사역에 함께 참여해야 합니다. 그래야만 교회가 희망을 볼 수 있습니다.

목회자는, 모든 성도가 '목사가 필요 없는 성도'로 자라도록 돕는 데 목표를 두어야 한다고 믿습니다. 성도들이 영적으로 성장하고 성숙하여 목사에게 의존할 필요가 없어지는 것이 최종 목표입니다. 이 말을 듣고는 "진짜 그런 일이 일어나면 목사는 무엇을 하라고 그러느냐?"고 질문하실 분이 계실 것입니다. 교인 모두가 목사가 필요 없을 정도로 성숙한 교인이 되면, 목회는 더욱 많은 열매를 맺을 것입니다. 목사는 기존 신자들의 끝도 없는 요구에서 해방되어 믿지 않는 사람들을 찾아 전도하고 선교할 시간과 에너지를 더 많이 얻게 될 것입니다. 이는 영적으로 성장하지 못한 상태에서 모두가 목사 역할을 하려고 나서는 것을 말하는 것이 아닙니다. 만일 그렇게 되면, 그 교회는 심각한 어려움을 겪게 될 것입니다.

저는 예배가 끝난 뒤에, 기도를 필요로 하는 분들을 중보기도실

믿음의 담력

에서 만나고 있습니다. 제가 심방을 자주 하여 교우들을 만나는 것이 불가능하기에 조금이라도 교우들에게 가까이 가기 위해 이 사역을 시작했습니다. 이제 한 달 정도 했는데, 잘했다 싶습니다. 교우들의 사정을 더 많이, 더 깊이 알게 되었고, 기도로 교우들의 어려움에 동참하는 것이 얼마나 감사한지 모릅니다. 저는 믿음의 한 형제로서, 믿음의 공동체를 책임진 한 사람으로서, 그리고 부족하지만 기도하는 사람으로서 기도의 도움이 필요한 분들을 만나고 있습니다. 제가 어느 교우의 머리에 안수하고 기도하는 것은 제사장으로서 하는 것이 아니라 믿음의 형제로서 하는 것입니다. "두세 사람이 내 이름으로 모인 곳에" 함께하시겠다고 약속하신 그분의 말씀을 믿고 함께 기도하는 것입니다.

# 6

사랑하는 성도 여러분, 여러분과 하나님 사이에 예수 그리스도 외에는 어느 누구도 끼어들지 않도록 하시기 바랍니다. 혹시 여러분은 하나님께 나아가 은혜를 구할 만한 믿음의 담력이 부족할지도 모릅니다. "나 같은 것이 하나님 앞에서 감히 무슨 말을 할 수 있겠나?" 하고 생각할지 모릅니다. 겸손은 좋은 것이지만, 자기비하는 죄입니다. 예수 그리스도를 모른다면 그렇게 자기를 비하할 이유가 있다고 할 수 있지만, 예수 그리스도의 보혈로 구속받은 우리는 결코 그렇게 자기를 낮추어 봐서는 안 됩니다. 그분의 보혈의 공로를 의지하는 사람은 누구나 성부 하나님을 향해 '아빠' 아버지라고 부를 수 있습니다.

히브리서의 말씀을 잘 기억하기 바랍니다.

그러므로 우리는 담대하게 은혜의 보좌로 나아갑시다.
그리하여 우리가 자비를 받고 은혜를 입어서,
제때에 주시는 도움을 받도록 합시다(4:16).

예수 그리스도께서는 하나님과 여러분 사이에 일어나야 할 모든 일을 이미 다 이루어 주셨고, 지금도 하나님의 보좌 우편에서 우리를 위해 중보하고 계십니다. 우리에게 필요한 것은 영원한 대제사장 예수 그리스도뿐입니다. 또한 우리의 영적 여정에서 믿음의 형제자매들의 도움은 매우 중요합니다. 감독이든, 목사든, 어떤 직분을 가진 사람이든, 그 사람은 믿음의 여정을 함께 가는 동무일 뿐입니다. 어느 누구도 예수 그리스도의 자리를 차지할 수 없습니다.

사랑하는 성도 여러분, 여러분이 진실로 예수 그리스도를 주님으로 영접했다면, 믿음의 담력을 가지시기 바랍니다. 예수 그리스도의 보혈의 공로를 힘입어 담대하게 하나님의 은혜의 보좌 앞으로 나아가기 바랍니다. 하나님께서 여러분을 두 팔 벌려 맞아 주시고, 여러분의 기도를 들어주십니다. 여러분이 하나님 앞에서 진실하고 간절하게 드리는 기도는 그 누구의 기도보다 강력한 능력이 됩니다. 믿음의 가족에게 기도를 부탁하고 의지하는 것은 좋은 일입니다. 하지만 여러분 자신이 중요합니다. 여러분이 십자가의 은혜를 힘입어 직접 나아가야 합니다. 두려워하지 말고, 주저하지 말고, 머뭇거리지 말고, 두리번거리지 말고, 겸손히 그러나 담대히 하나님의 보좌 앞으로 나아가기 바랍니다. 주님의 은혜가 우리를 위해 준비되어 있습니다.

> 위대한 대제사장 예수 그리스도시여,
> 물과 피를 다 쏟으시어
> 저희에게 구원의 길을 열어 주시니
> 감사드립니다.
> 저희를 도우시어
> 믿음의 담력을 갖게 하소서.
> 오직 한분,
> 주님만을 중보자로 삼고
> 겸손히
> 그러나 담대히
> 아버지 하나님의 은혜의 보좌 앞에 나아가게 하소서.
> 주님께서 그러셨듯,
> 하나님의 사랑을 믿고
> 감히 "아빠"라고 부르며
> 그 사랑 안에 살게 하소서.
> 아멘.

# 7 같은 부름, 다른 소임

예수께서 그들에게 말씀하셨다. "이 성전을 허물어라. 그러면 내가 사흘 만에 다시 세우겠다." 요한복음 2:19

그러므로 여러분은 모든 악의와 모든 기만과 위선과 시기와 온갖 비방하는 말을 버리십시오. 갓난 아기들처럼 순수하고 신령한 젖을 그리워하십시오. 여러분은 그것을 먹고 자라서 구원에 이르러야 합니다. 여러분은 주님의 인자하심을 맛보았습니다. 주님께 나아오십시오. 그는 사람에게는 버림을 받으셨으나, 하나님께는 택하심을 받은 살아 있는 귀한 돌입니다. 살아 있는 돌과 같은 존재로서 여러분도 집 짓는 데 사용되어 신령한 집이 됩니다. 그래서 여러분은 예수 그리스도로 말미암아 하나님께서 기쁘게 받으실 신령한 제사를 드리는 거룩한 제사장이 되십니다. 베드로전서 2:1-5

## 제사장은 없다, 모두가 제사장이다 2

1

저는 자주 "목사는 제사장이 아니다"라고 말씀드리는데, 그때마다 교우들이 보여 주는 반응이 다양합니다. 교우들의 반응을 보면서, 평소 목회자의 권위주의적인 모습으로 인해 불쾌감을 갖고 있던 분들이 많다는 사실을 확인합니다. 어떤 분들은 혼란스러움을 느끼기도 합니다. 목회자를 제사장으로 알고 그렇게 대해 왔는데, 그게 아니라면 어떤 태도를 취해야 할지 가늠이 되지 않는 것입니다. 또 어떤 분들은 오랜 숙제를 푼 사람처럼 깊은 해소감을 보입니다.

그런데 "목사는 제사장이 아니다"라는 말은 진리의 반쪽만 담고 있습니다. 그 진리의 다른 반쪽은 "믿는 사람은 모두 다 제사장이다"입니다. 예수 그리스도는 어떤 특정인이 제사장 역할을 독점하는 체제를 끝내시고 모두가 제사장 역할을 하는 새로운 영적 질서를 시작하셨습니다. 보이는 성전을 밀어내고 보이지 않는 성전을 세우셨듯이, 그리고 짐승의 피로 드리는 제사를 끝내고 우리의 삶으로 드리는 제사를 시작하셨듯이 말입니다. 특정 시간, 특정 장소, 특정 인물을 거룩하게 구별하는 것이 율법의 질서였다면, 모든 시간, 모든 장소, 모든 사람을 거룩하게 보고 거룩하게 만드는 것이 복음의 질서입니다.

가톨릭교회는 주교와 신부만이 제사장이라고 가르치지만, 개신교회는 모든 믿는 사람이 제사장이라고 가르칩니다. 이것이 '만인 제사장직 교리'입니다. 베드로전서 2장 말씀은 개신교의 '만인 제사장직 교리'가 성경적 진리임을 전합니다. 5절은 이렇게 말씀합니다.

> 그래서 여러분은 예수 그리스도로 말미암아 하나님께서 기쁘게 받으실 신령한 제사를 드리는 거룩한 제사장이 되십시오(벧전 2:5).

9절에서는 믿는 사람들을 "왕과 같은 제사장들"이라고 부릅니다. 요한계시록에도 같은 뜻의 말씀이 있습니다.

> 예수 그리스도께서는 우리를 사랑하시며, 자기의 피로 우리의 죄에서 우리를 해방하여 주셨고, 우리로 하여금 나라가 되게 하시어 자기 아버지 하나님을 섬기는 제사장으로 삼아 주셨습니다(계 1:5-6).

2

저는 앞 장에서, 한국교회의 갱신을 위해 가장 시급한 것 중 하나로 '목회자가 제사장의 권위를 내려놓는 것'을 들었습니다. 하지만 그것과 함께 일어나야 할 일이 있습니다. 예수 그리스도를 주님으로 영접한 모든 성도가 제사장으로서의 신분을 확인하고 그 직분을 기꺼이 짊어지는 변화가 일어나야 합니다. 교회 갱신을 위해 목회자가 담당할 몫도 있지만 평신도가 담당해야 할 몫도 있다는 것입니다. "믿는 사람은 모두 다 제사장이다"라는 진리는 우리 모두에게 적어도 세 가지 변화를 요청합니다.

첫째, 이 진리는 믿는 사람에게 지속적인 영적 성장을 위해 힘쓸 것을 요청합니다. 가톨릭교회에서는 성직자에게 주어진 사명과 평신도에게 주어진 사명이 다르다고 가르칩니다. 그렇기 때문에 성직자에게는 특별한 영적 훈련이 필요하고, 평신도의 영적 훈련은 그보다 약해도 상관없다고 생각합니다. 목회자를 제사장으로 생각하는 개신교인들도 비슷한 생각을 합니다. 목사는 영적 생활에 전력투구해야 마땅하지만, 자신들은 그렇게 하지 않아도 된다고 생각합니다. 평신도는 먹고 사는 일에 충실하고, 영적인 일은 목회자가 대신 맡아서 해 주기를 기대합니다.

이것은 예수 그리스도의 복음의 진리를 심각하게 왜곡하는 것입니다. 하나님께서는 모든 믿는 사람을 제사장으로 부르셨습니다. '제사장직'의 본질은 이 세상의 구원과 변화를 위해 하나님의 종으로 섬기는 것입니다. 그렇게 섬기기 위해서는 그만한 영성이 있어야 합니다. 영적으로 파리한 상태에 있는 사람은 제사장 역할을 감당할 수 없습니다. 어떤 사람이 목사 안수를 받았다고 해서 자동적으로 영적 능력이 주어지는 것이 아님을, 여러분도 인정하실 것입니다. 목사로서의 소임을 다하기 위해서는 그에 상응하는 영적 생활을 해야 합니다. 그런데 이 기준을 목사에게만 적용해서는 안 됩니다. 목회자에게 기대하는 영적 생활의 기준을 자기 자신에게도 적용해야 합니다.

"목사는 제사장이 아니다"라는 선언을 듣고 동의하신 분들은 이 점을 깊이 생각해 보시기 바랍니다. 목사에게서 제사장의 권위를 벗기는 것으로 일이 다 끝난 것이 아닙니다. 제사장으로서의 소명과 책임을 여러분 자신이 짊어져야 합니다. 제사장으로서 져야 할 가장 우선적인 책임, 곧 부단한 영적 성장을 위해 전념할 책임이 있음을 인정해야 합니다. 바울 사도가 에베소 교회 교인들을 생각하며 드린 기도가 있습니다. 그중 한 대목에서 그는 이렇게 기도합니다.

> 여러분이 사랑 속에 뿌리를 박고 터를 잡아서, 모든 성도와 함께 여러분이 그리스도의 사랑의 너비와 길이와 높이와 깊이가 어떠한지를 깨달을 수 있게 되고, 지식을 초월하는 그리스도의 사랑을 알게 되기를 빕니다. 그리하여 하나님의 온갖 충만하심으로 여러분이 충만하여지기를 바랍니다(엡 3:17-19).

예수 그리스도를 주님으로 영접했다면, 그 사람은 자신이 맡은 직분과 상관 없이, 그분의 능력으로 속사람이 끊임없이 자라가야 합니다. 이것은 의무이기 이전에 특권입니다. 그렇게 자라가면, 먼저 나 자신이 유익을 얻습니다. 죄로부터 자유함을 얻고 진리 안에서 기뻐하며 진정한 행복을 누릴 수 있게 됩니다. 그렇게 될 때, 우리는 비로소 이 세상을 위해 제사장의 역할을 감당할 수 있습니다.

3

둘째, "믿는 사람은 누구나 제사장이다"라는 진리는 영혼을 구하고 키우는 일에 적극적으로 참여하라는 메시지를 담고 있습니다. 목회는 목사가 하는 것이고, 선교는 선교사가 하는 것이라고 생각해서는 안 됩니다. 믿는 사람은 누구나 교회 안에서 진행되고 있는 하나님의 목회와 선교에 참여해야 합니다. 바울 사도는 자신이 받은 소명을 이렇게 말한 적이 있습니다.

> 하나님께서 이 은혜를 내게 주신 것은, 나로 하여금 이방 사람에게 보내심을 받은 그리스도 예수의 일꾼이 되게 하여, 하나님의 복음을 전하는 제사장의 직무를 수행하게 하시려는 것입니다. 그리하여 이방 사람들로 하여금 성령으로 거룩하게 되게 하여, 하나님께서 기쁨으로 받으실 제물이 되게 하시려는 것입니다(롬 15:16).

믿는 사람에게 주어진 제사장의 직무는 '하나님의 복음을 전하기' 위한 것입니다. 하나님의 복음을 전한다는 말은 하나님을 떠나 죽어 버린 영혼들을 살려 내고 그들을 회복된 영혼들로 키워 내는 일을 말합니다. 교회의 사명은 바로 여기에 있습니다. 저와 여러분은 교회를 통해 복음을 듣고, 그 복음 안에서 영적 생명을 얻었습니다. 우리는 모두 그리스도 예수 안에서 얻은 새 생명을 키워 가기 위해 교회로 모여 예배도 드리고 사귐도 나누고 봉사도 합니다. 그렇게 우리 자신이 영적으로 성장해 가면서, 우리는 아직 복음을 알지 못하는 이들을 찾아 나섭니다.

따라서 목사와 평신도는 영적 성장을 위해 힘쓰는 동역자로서 목회와 선교에 함께 참여해야 합니다. 물론, 가정과 직장에서의 일로 인해 달리 사용할 만한 시간과 에너지가 없는 경우도 있을 것입니다. 하지만 할 수 있는 한, 교회를 통해 영혼을 구하고 키우는 일에 헌신할 자리를 찾아야 합니다. 교회가 교회다워지려면 자신의 영혼을 가꾸면서 다른 사람의 영혼을 돌보는 사람들이 많아져야 합니다. '목사가 필요 없는 교인들'이 많아져야 합니다. 그렇게 될 때, 교회가 교회의 역할을 감당할 뿐 아니라 목회와 선교에 참여한 사람들의 삶의 질도 달라집니다.

전에 이 주제로 강의를 한 적이 있습니다. 강의가 끝나고 나서 어느 장로님이 저를 찾아와 질문하셨습니다. "교수님, 강의 아주 감명 깊게 들었습니다. 그래서 드리는 질문입니다만, 만일 교수님의 말씀이 옳다면, 목사만이 아니라 장로도 교회에서 축도할 수 있어야 하는 것 아닙니까?" 그 질문을 듣는 순간, "아, 어떻게 이토록 모든 것을 자기에게 유리하게 해석할까?"라는 생각을 했습니다. 저는 이렇게 대답했습니다. "장로님은 다른 장로님이 축도한다고 할 때 기꺼이 고개를 숙일 용의가 있습니까? 장로님께서 축도하겠다고 단에 설 때, 교인들이 기꺼운 마음으로 눈을 감고 고개를 숙일까요?"

믿는 사람들이 모두 제사장이라는 말은 누구나 교회에서 목사 역할을 하라는 말이 아닙니다. 자신의 은사와 직분에 따라 목회에 능동적으로 참여하라는 뜻입니다. 영적으로 성숙한 장로님이라면, 교회의 질서를 무시하고 축도하겠다고 나서지 않을 것입니다. 바울 사도가 예를 들었듯이, 교회가 그리스도의 몸이라면 교인들은 각각의 지체입니다. 모두 다 눈의 역할을 하려 해서도 안 되고, 모두 다 입의 역할을 하려 해서도 안 됩니다. 맛있는 음식을 먹는 입도 있어야 하지만, 냄새 나는 배설물을 처리하는 기관도 있어야 합니다. 늘 잘 치장하고 있어야 하는 지체도 있어야 하지만, 늘 옷으로 가려야 하는 지체도 있습니다. 다 각각 맡겨진 곳에서 성령께서 주신 은사에 따라 자신의 역할을 감당해야만 몸이 제기능을 할 수 있습니다. 그럴 때에만 교회에서 하는 봉사 활동이 나와 이웃을 행복하게 만들어 줍니다.

4

셋째, "믿는 사람은 누구나 제사장이다"라는 진리는 우리의 직업을 성직으로 받들라는 뜻입니다. 율법주의는 이 세상에 있는 직업 중에서 몇 가지만을 선택하여 '성직'이라는 고결한 이름을 붙여 줍니다. 하지만 예수 그리스도의 복음은 이 세상에 존재하는 직업은 모두 성직이라고 가르칩니다. 중요한 것은 어떤 직업에 종사하고 있느냐가 아니라, 그 직업을 어떤 태도로 섬기느냐에 있습니다. 무슨 일을 하든지 그 일을 통해 하나님을 높이고 다른 사람의 영혼을 위해 봉사하려는 목적으로 행한다면, 어떤 직업이든 성직이 됩니다. 바울 사도는 당시의 노예들에게 다음과 같이 말한 적이 있습니다.

> 종으로 있는 이 여러분, 모든 일에 육신의 주인에게 복종하십시오. 사람을 기쁘게 하는 자들처럼 눈가림으로 하지 말고, 주님을 두려워하면서, 성실한 마음으로 하십시오. 무슨 일을 하든지 사람에게 하듯이 하지 말고, 주님께 하듯이 진심으로 하십시오(골 3:22-23).

어떤 사람들은 이 가르침이 노예들을 착취하는 주인들의 입장에서 주어진 것이라고 비판하기도 합니다. 겉으로 보면 그렇게 보일 수 있습니다. 실제로 노예 제도가 폐지되기 전, 얼마나 많은 백인 목사들이 이 같은 가르침으로 노예주들의 착취를 도와주었는지 모릅니다. 하지만 바울의 이 가르침은 노예들을 실질적으로 해방시켜 주는 '영적인 비밀'이었습니다. 노예로서의 소임을 성직으로 알아 "주님께 하듯" 섬기면 그는 더 이상 노예가 아니라 성직자가 되는 것입니다. 노예만이 아니라, 이 세상에 있는 모든 직업이 그렇습니다. 무슨 일을 하든, 그 일을 통해 하나님을 높이고 그분의 뜻을 실천하려 한다면 그 직업은 곧 성직이 됩니다.

이 진리를 여러분의 직업에 적용해 보시기 바랍니다. 거대한 조직에 고용된 말단 사원이든, 개인 사업자든, 아니면 큰 조직을 운영하는 CEO든, 어떤 직업에도 이 진리가 적용될 수 있고 또한 적용되어야 합니다. 이 진리를 적용할 수 없는 직업이 있다면, 그것은 없어져야 할 직업입니다. 예를 들어, 마약을 판매하는 직업은 어떤 방식으로도 하나님의 뜻을 실천할 수 없습니다. 그러므로 그것은 직업에 속할 자격이 없습니다. 이 사회에 악을 확산시키는 직업들은 여기에 고려 대상이 아닙니다. 그 외에는, 바울 사도가 말한 진리를 적용하지 못할 직업이 없습니다.

은퇴하신 분들의 경우에도 성직자로 살 방법이 있습니다. 인생의 첫 30년은 전반전이고, 그 이후의 30년은 후반전이라고 합니다. 그리고 은퇴 후의 시간은 연장전이랍니다. 은퇴하신 분들은 연장전을 선물로 받은 것입니다. 누구에게나 연장전이 주어지지는 않습니다. 그런데 선물로 주어진 그 값진 시간을 모두 골프채로 쳐서 날려 보내야 하겠습니까? 그 값진 시간을 거룩하게 사용할 방법을 찾아야 합니다.

사랑하는 성도 여러분, 여러분의 직업을 구속하기 바랍니다. 어쩔 수 없이 '먹고 살기 위한 도구'로 전락한 우리의 직업을 '하나님께서 맡겨 주신 성직'으로 변모시키시기 바랍니다. 이를 위해 직업을 바꿀 필요는 없습니다. 직업을 대하는 여러분의 태도만 바꾸면 됩니다. 아침에 출근할 때, 마치 목사가 주일에 예배당 오는 심정으로 출근하면 됩니다. 직장에서 동료를 만날 때, 목사가 교인들을 대하듯 대하면 됩니다. 직장에서 손님을 대할 때, 목사가 교회를 처음 찾은 새 교우를 대하듯 대하면 됩니다. 직장에서 일할 때, 목사가 예배를 섬기듯 하면 됩니다. 그렇게 부단히 훈련해 갈 때, 자신도 모르는 사이에 일을 대하는 태도와 동료를 대하는 태도가 달라져 있는 것을 발견할 것이며, 자신의 직업을 통해 의미와 보람을 누리게 될 것입니다. 그러한 변화가 있을 때, 우리는 비로소 내 이웃에게 입을 열어 복음을 전할 수 있을 것입니다.

5

지난 주간에 중국의 한 도시에서 사업을 하는 분으로부터 이메일을 받았습니다. 그분은 마태복음 6장 33절의 "너희는 먼저 그의 나라와 그의 의를 구하라. 그리하면 이 모든 것을 너희에게 더하시리라"는 구절의 의미에 대해 질문하셨습니다. 그분의 질문 일부를 소개합니다.

> 우리의 삶에서 주님의 나라와 주님의 의가 이루어지는 것이 어떤 것을 이야기하는지, 알 것 같기도 하지만 명확히 이해하지 못하겠습니다. 그러나 이 말씀의 초점을 명확히 하지 못하는 한, 저의 신앙 생활이 힘이 없고 항상 불안하기만 하고 다람쥐 쳇바퀴 도는 것 같은 신앙 생활이 될 것이라고 생각합니다. 목사님! 바쁘시겠지만 저의 이 신앙의 안개를 걷고 인생과 신앙의 기준을 제대로 잡아서 한 발자국 내딛고 싶은 절박함을 이해하셔서 조언을 부탁드립니다.

그분의 질문이 매우 진지하고 심각한 것이어서 저는 며칠 후 다음과 같이 긴 답변을 써 보냈습니다. 그 답변의 일부를 여러분에게 소개합니다. 자신의 직업 현장에서 하나님의 나라와 의를 구하는 것은 곧 자신의 직업을 성직으로 받드는 것과 같은 것입니다.

"너희는 먼저 그의 나라와 그의 의를 구하라"는 말씀이 이해하기 어려운 이유는 '나라'와 '의'라는 두 단어 때문입니다. '그의 나라'는 '하나님의 다스림'을 가리키는 말입니다. 우리가 보통 '하늘나라' 혹은 '하나님 나라'라고 하면 어떤 공간을 생각할 경우가 많습니다. 하지만 예수님이 사용하셨던 아람어에서 '나라'를 뜻하는 '말쿠트'라는 단어는 '다스림', 곧 '통치력'을 뜻합니다. 그러므로 "그의 나라를 구하라"는 말은 예수님을 통해 실현되고 있는 하나님의 다스림을 구하라는 뜻입니다. '그의 의'는 '하나님의 뜻'이라고 바꾸어 생각할 수 있습니다. 따라서 '나라'와 '의'는 같은 것을 표현하기 위해 사용된 서로 다른 단어라고 할 수 있습니다.

그러므로 "너희는 먼저 그의 나라와 그의 의를 구하라"는 말씀은 "너희는 먼저 하나님의 다스림을 사모하고 그 다스림 안에 들어가 그분의 뜻을 따라 살기를 힘쓰라"는 뜻이라고 할 수 있습니다. 유진 피터슨이 번역한 「메시지」에 보면 그 구절을 이렇게 옮겨 놓았습니다. "너희는 하나님이 실체가 되시고, 하나님이 주도하시며, 하나님이 공급하시는 삶에 흠뻑 젖어 살아라."

예수 그리스도를 통해 하나님의 사랑의 통치가 시작되었습니다. 그분을 따르는 제자들은 영의 눈을 떠서 보이지 않는 하나님의 다스림을 보고 그 다스림에 자신을 맡기고 살아가야 했습니다. 그것은 지금도 마찬가지입니다. 우리는 성령을 통해 하나님의 다스림을 경험합니다. 언젠가 새 하늘과 새 땅이 임할 때, 우리는 그 다스림을 100퍼센트 경험하게 되겠지만, 이 땅에 사는 동안에도 성령의 임재를 통해 그분의 다스림을 부분적으로 경험하고 삽니다. 그 다스림을 구하고 늘 그 다스림 안에 머물며 하나님의 뜻을 찾고 그 뜻을 이루는 것이 믿는 사람의 삶의 목적이라고 할 수 있습니다.

그렇다면 그것은 구체적으로 어떻게 사는 것이냐? 회사를 운영하는 분이시니, 그 상황을 생각하며 예를 들어 보겠습니다. 회사를 두고 기도할 때, 자신과 직원들 그리고 거래하는 고객들을 하나님의 사랑의 다스림에 맡겨야 할 것입니다. 또한 회사의 소유권을 하나님께 맡기고, 하나님이 회사의 모든 것을 다스려 주시기를 기도해야 할 것입니다. 그와 동시에, 회사를 향한 하나님의 뜻이 무엇인지를 찾아야 할 것입니다. 특히, 사장님을 향한 하나님의 뜻이 무엇인지를 부단히 찾아야 할 것입니다.

이 경우, 많은 이들이 '돈을 많이 벌어 선교하는 것'을 하나님의 뜻으로 생각합니다. 물론 그것도 중요하지만, 그보다 더 우선적인 것이 있습니다. 회사의 제품이나 서비스를 통해 하나님의 뜻이 이루어지도록 힘쓰는 것입니다. 신발을 만드는 회사라면, 최선의 제품을 가장 적정한 가격에 생산하고 공급하여 고객들을 만족시키기 위해 최선을 다하는 것이 우선입니다. 회사이니까 적당한 이윤이 남겨야 하겠지요. 하지만 그 이윤에 부끄럽지 않도록 제품과 서비

스에 최선을 다해야 합니다. 그것이 회사에 대한 하나님의 일차적인 기대입니다.

회사에 대한 하나님의 또 다른 기대는 모든 직원이 행복하게 일하도록 돕는 것입니다. 출근할 때 직원들이 신나게 걸어올 수 있는 직장이 되도록 만드는 것이 하나님의 기대입니다. 직원들이 서로 화목하게 지내도록 배려하고, 직장에서 받는 월급으로 가족을 부양하기에 힘들지 않도록 배려하는 것을 말합니다. 내가 운영하는 직장 때문에 한 가족이 걱정 없이 현재를 살아가고 미래를 계획할 수 있다면, 하나님께서 그 일로 인해 얼마나 기뻐하시겠습니까? 그뿐 아니라, 그들이 회사를 통해 복음을 알고 예수 그리스도를 영접하게 된다면, 하나님의 기쁨은 더 말할 나위가 없겠지요. 회사를 통해 얻은 수입으로 선교를 하는 것은 그 다음의 과제입니다. (중략)

이렇게 살다 보면, 하루하루가 복된 날로 변화할 것입니다. "그리하면 이 모든 것을 너희에게 더하시리라"는 말씀은 바로 그런 뜻입니다. 물론 이렇게 회사를 운영하면 사장 자신의 손에 떨어지는 돈의 액수는 줄어들지 모릅니다. 하지만 매일의 삶 속에서 느끼는 삶의 보람은 몰라보게 달라질 것입니다. 그 보람과 기쁨은 돈으로 환산할 수 없는 보화가 아닐 수 없습니다.

6

우리 모두는 하나님께서 불러 주신 제사장들입니다. 우리에게 주어진 이 고귀한 신분을 망각하지 말기 바랍니다. 율법주의는 우리를 교묘하게 속여서 이 신분을 벗어 버리도록 만듭니다. 율법주의의 올무에 빠지면, 목회자들이 제사장을 자처하며 권위를 휘두르는 것을 못마땅하게 느끼면서도 모른 척 묵인해 줍니다. 그것이 편하기 때문입니다. "나는 평신도니까……"라고 생각하고는 영적 성장을 위한 노력에 게을리하고, 목회와 선교에 대한 책임을 목회자에게 모두 떠넘깁니다. 그뿐 아니라, 자신의 직업을 철저히 세속화시켜 편하게 먹고 사는 데 만족하려 합니다. 그렇게 하는 것이 쉬운 것은 사실이나, 그것은 결국 그 사람의 영성을 고갈시키고 교회를 병들게 하며 하나님의 뜻을 그르치게 만듭니다. 희망은 은혜의 복음에 있습니다. 은혜의 복음은 우리 모두가 '거룩한 제사장', '왕 같은 제사장'이라는 사실을 일깨워 줍니다.

그러므로 왕 같은 제사장 여러분, 그 신분에 걸맞도록 여러분 자신을 준비시키고 그 일에 여러분의 인생을 바치기 바랍니다. '제사장'이라는 이름에 부끄럽지 않도록 영적 생활에 부단히 정진합시다. 영적 생활에 게을리하면서 목사로서의 권위만 주장하는 사람들의 모습이 얼마나 초라해 보이던가요? 저와 여러분도 그런 모습으로 전락할 수 있습니다. 그것을 원치 않는다면, 우리에게 주신 신분을 귀하게 여기고 그 직분을 잘 감당할 수 있도록 영적 생활에 힘써 그리스도의 장성한 분량에 이르도록 자라갑시다.

그렇게 영적으로 자라가면서, 주신 은사에 따라 교회를 통해 이루시는 하나님 나라의 사역에 참여합시다. 목회를 '받는' 수동적인 자세에서 하루 빨리 벗어나기를 바랍니다. 영혼을 살리고 키우는 일에 무슨 일로든 헌신하기 바랍니다. 아울러, 우리에게 주어진 직업을 성직으로 여기고 모든 일을 "주께 하듯" 섬깁시다. 은퇴하신 분들은 그 값진 연장전의 선물을 거룩한 일을 위해 헌신할 수 있기를 바랍니다. 여기까지 나아갈 때 비로소 우리는 '전임 제사장'(full-time priest)의 삶을 사는 것입니다. 그렇게 사는 것은 하나님께 영광이 되고 많은 이들에게 유익을 끼치지만, 가장 우선적으로는 우리 자신의 인생을 의미와 보람으로 가득 채울 것입니다.

사랑하는 제사장 여러분, 중단 없는 영적 생활을 통해 제사장다운 '영성'이 여러분에게 형성되기를 기도합니다. 제사장다운 삶이 저와 여러분에게 있기를 기도합니다. 교회와 세상 속에서 제사장답게 살아가는 이들이 넘쳐나기를 간절히 소원합니다.

> 위대하고 영원하신 대제사장 예수 그리스도시여,
> 저희를 주님의 고귀한 직분으로 불러 주셨습니다.
> 저희를 도우소서.
> 제사장으로의 부름이 얼마나 고귀한 것인지 알게 하시고
> 제사장다운 영성에 이르게 하시며
> 제사장다운 삶을 살도록 저희를 훈련하소서.
> 그리스도의 몸 된 교회의 지체로서
> 복음을 위해 헌신하게 하시며,
> 저희에게 주신 직업을 성직으로 받들게 하옵소서.

전임 제사장으로의 부르심을 귀하게 여기며

늘 향기로운 삶의 제사를 드리며 살아가게 하소서.

아멘.

# 8 다 거룩하다

예수께서 그들에게 말씀하셨다. "이 성전을 허물어라. 그러면 내가 사흘 만에 다시 세우겠다."  요한복음 2:19

예수께서 다시 무리를 가까이 부르시고서, 그들에게 말씀하셨다. "너희는 모두 내 말을 듣고 깨달아라. 무엇이든지 사람 밖에서 사람 안으로 들어가는 것으로서 그 사람을 더럽히는 것은 아무것도 없다. 사람에게서 나오는 것이 그 사람을 더럽힌다." 예수께서 무리를 떠나 집으로 들어가셨을 때에, 제자들이 그 비유를 두고 물었다. 예수께서 그들에게 말씀하셨다. "너희도 아직 깨닫지 못하느냐? 밖에서 사람의 몸 속으로 들어가는 것이 사람을 더럽히지 못한다는 것을 알지 못하느냐? 밖에서 사람 안으로 들어가는 것은 무엇이든지, 사람의 마음 속으로 들어가지 않고, 뱃속으로 들어가서 뒤로 나가기 때문이다." 예수께서는 이런 말씀을 하여 모든 음식은 깨끗하다고 하셨다. 또 그들에게 말씀하셨다. "사람에게서 나오는 것, 그것이 사람을 더럽힌다. 나쁜 생각은 사람의 마음에서 나오는데, 곧 음행과 도둑질과 살인과 간음과 탐욕과 악의와 사기와 방탕과 악한 시선과 모독과 교만과 어리석음이다. 이런 악한 것이 모두 속에서 나와서 사람을 더럽힌다."  마가복음 7:14-23

## 거룩한 것은 없다, 다 거룩하다

1

달라스에서 유학 생활을 할 때의 일입니다. 그때 저는 작은 한인 교회에서 전도사로 봉사하고 있었습니다. 교인 수는 적었지만, 각자 자기 분야에서 전문인으로 일하는 분들이 다니는 교회였습니다. 그분들 중에는 아마추어 신학도도 몇 분이 계셨습니다.

그 교회에서 겪은, 지금도 잊혀지지 않는 부끄러운 기억이 있습니다. 당시 저는 주로 중고등부 학생들을 맡고 있었는데, 어느 날 담임목사님이 자기 대신에 성인 성경공부 모임을 하루만 인도하라고 부탁하셨습니다. 그날 제게 맡겨진 본문이 레위기 11장이었습니다. 이 장에는 먹어서는 안 되는 부정한 동물과 먹어도 무방한 정결한 짐승의 목록이 들어 있습니다. 이스라엘 사람들은 이 목록에 들어 있는 부정한 음식을 철저히 금했습니다. 그런데 금지된 음식 안에는 오늘날 우리 그리스도인들이 거리낌 없이 먹는 것들이 여러 가지 포함되어 있습니다. 돼지, 게, 랍스터, 오징어, 낙지, 쭈꾸미, 장어 같은 것들이 그 예입니다.

여기서 문제가 생깁니다. 성경에는 분명히 먹지 말라고 한 음식인데, 오늘날 그리스도인들은 개의치 않고 먹습니다. 안식교라고 알려진, '제칠일 안식일 예수 재림교'에서는 레위기 11장의 가르침을 그대로 지키고 있지만, 정통 기독교는 그렇게 하지 않습니다. 모태 신앙인인 저는 어릴 적부터 돼지고기를 먹어 왔고, 방언기도를 하시는 제 어머니는 자식들이 고향을 찾을 때마다 고향 바다에서 잡은 게와 굴과 쭈꾸미를 사다가 요리를 해 주셨습니다. 그렇기 때문에 그리스도인이 레위기 11장을 읽을 때면, "어, 나는 하나님의 말씀을 어기고 있네? 이거 어쩌지?"라고 자문할 수밖에 없습니다.

저는 성경공부 인도를 위해 준비하는 동안 이 질문에 봉착했습니다. 그런데 그때 제게는 그 질문에 답할 만한 신학적 안목이 없었습니다. 그래서 도서관에 가서 책을 뒤져 보았으나, 이 질문을 속시원하게 해결해 주는 자료를 발견할 수 없었습니다. 성경공부 시간은 다가오는데, 그 본문을 두고 해결해야 할 가장 중요한 질문을 해결하지 못했으니, 제 마음은 매우 초조해졌습니다. 결국, 시간이 되어 저는 아마추어 신학도가 포함되어 있는 그 성경공부반에 들어갔고, 그 질문이 나오지 않고 한 시간이 흘러가기만을 간절히 바랐습니다.

저의 기대는 보기 좋게 깨졌습니다. 해박한 신학 지식으로 신학도인 저를 자주 주눅들게 했던 어느 교우께서 공부가 거의 끝나 갈 즈음에 질문을 던지셨습니다. 제가 두려워했던 바로 그 질문이었습니다. "전도사님, 이 모든 말씀이 성경에 기록되어 있고, 우리는 성경을 하나님의 말씀이라고 믿는데, 왜 우리는 이 말씀을 어기고 있는 겁니까? 돼지고기를 계속 먹어도 되는 겁니까? 아니면 안식교인들처럼 이제부터 돼지고기를 먹지 말아야 합니까?"

저는 횡설수설하고 얼버무렸습니다. 등에서는 식은땀이 흘렀습니다. 그날 집에 돌아와서 저 자신에 대해 얼마나 비참함을 느꼈는지요! 하지만 그것이 제게 큰 자극이 되었던 것 같습니다. 그 후로 저는 제 마음에 있는 의문을 다 해결하고 설교나 성경공부 인도에 임하는 습관을 가지게 되었기 때문입니다. 그래서 그 교우께 마음으로나마 감사하고 있습니다.


2

하나님께서는 이스라엘 백성이 약속의 땅 가나안에 도착하기 전에 아주 중요한 말씀을 주셨습니다.

> 너희의 하나님인 나 주가 거룩하니,
> 너희도 거룩해야 한다(레 19:2).

이 말씀과 함께 하나님은 그들에게 율법을 주셨습니다. 그 율법 안에는 소위 '성결법'이라는 것이 중요한 위치를 차지합니다. 부정한 것과 정결한 것을 구분하고, 부정해졌을 때 그 부정을 씻는 방법에 대해 지침을 주셨습니다. 그 내용이 출애굽기에도 있고, 레위기에도 있고, 신명기에도 있습니다. 이 성결법은 이스라엘 백성이 우상 숭배와 타락으로 오염되어 있던 가나안 땅에 들어가 하나님의 백성으로서 구별됨을 지키도록 하기 위해 주어진 것입니다. '거룩'에 해당하는 히브리말 '카도쉬'는 원래 '구별됨'을 뜻합니다.

예컨대, 아이들이 어릴 적에 부모들은 나쁜 것과 좋은 것을 구분하여 가르칩니다. 거짓말하는 것은 나쁜 것이다, 싸우는 것은 나쁜 것이다, 단 것은 나쁜 것이다, 저 사람은 나쁜 사람이다, 저 나라는 나쁜 나라다 등. 어린아이가 분별력과 판단력이 형성되기 전에 이런 나쁜 것들에 노출되지 않게 하려는 것입니다. 아이는 나중에 알게 될 것입니다. 이 세상에는 100퍼센트 나쁜 사람도, 100퍼센트 나쁜 것도, 100퍼센트 나쁜 나라도 없다는 것을 말입니다. 나중에 그것을 알았다고 해서, "아, 부모에게 속았다!"고 생각하지는 않을 것입니다. 그렇게 가르친 이유를 알기 때문입니다.

하나님께서 이스라엘 백성에게 부정한 것과 거룩한 것을 구분해 주시고 부정한 것을 철저히 경계하도록 가르치신 이유가 여기에 있습니다. 가나안 땅을 앞두고 있는 이스라엘 백성은 당시로는 영적인 어린아이와 같은 상태에 있었습니다. 사탕 자체가 악한 것은 아니지만, 그것을 다룰 수 있는 능력이 생기기 전까지는 그것을 나쁜 것이라고 가르치면서 경계해야 하는 것과 같은 이치입니다. 가나안 토속민들과 함께 살면서 이런 것들을 경계하지 않으면, 그들은 하나님의 백성으로 서기는커녕 몇 년도 못되어 가나안의 타락한 문화로 인해 썩어 버릴 것이 뻔했습니다.

돼지고기가 본질적으로 부정한 것이 아니었습니다. 게나 랍스터나 굴이나 쭈꾸미가 창조될 때부터 부정한 것이 아니었습니다. 하나님께서는 이 모든 것을 창조하시고 나서 "아, 참 좋다!"라고 스스로 감탄하셨습니다. 온 우주에 하나님께서 창조하지 않으신 것이 없고, 하나님께서 창조하신 것 중에 본질적으로 악하거나 부정하게 지어진 것이 없습니다. 다만, 가나안 땅에서 그런 것들을 탐하다 보면, 가나안 족속들의 우상 숭배와 그들의 타락한 생활 습관에 빠질 위험이 있었습니다. 문제는 그들의 가치관이요 우상 숭배요 타락한 삶이었습니다. 그것에 빠지지 않게 하려면, 그것과 연결된 고리부터 끊어야 했습니다.

우리나라에 복음이 전해지던 초창기에 서양 선교사들은 술과 담배와 도박을 죄로 가르쳤습니다. 그 세 가지가 죄로 이어지는 연결고리의 역할을 하고 있었기 때문입니다. 그 전통이 지금까지 이어져 오고 있습니다. 흡연이나 음주, 도박을 하고 싶어 하는 분들은 지금도 따져 묻습니다. "아니, 성경 어디에서 술이나 담배, 도박을 죄라고 규정하고 있습니까?" 이 질문은 문제의 핵심을 피하려는 술수입니다. 100년 전에도 그랬지만, 지금도 여전히 이 세 가지는 심각한 죄로 우리를 이끌어 들이는 연결고리입니다. 그래서 지금도 이 세 가지를 경계해야 할 충분한 이유가 있습니다.

3

율법은 본래 좋은 것입니다. 하나님께서는 아주 좋은 뜻과 의도를 가지고 인간에게 율법을 주셨습니다. 그런데 문제는 인간이 그 율법을 왜곡합니다. 율법에 담긴 하나님의 뜻을 살피고 그 뜻을 이루는 일에 대한 관심은 제쳐 두고, 율법을 자신에게 이롭게 왜곡합니다. 하나님께서 거룩한 것과 부정한 것을 구분하신 것은, 그들이 영적으로 성숙해지도록 돕는 데 목적이 있었습니다. 모세에게 율법을 계시하면서 주신 말씀을 들어 보기 바랍니다.

> 이제 너희가 정말로 나의 말을 듣고, 내가 세워 준 언약을 지키면, 너희는 모든 민족 가운데서 나의 보물이 될 것이다. 온 세상이 다 나의 것이다. 그러므로 너희는 내가 선택한 백성이 되고, 너희의 나라는 나를 섬기는 제사장 나라가 되고, 너희는 거룩한 민족이 될 것이다(출 19:5-6).

이것이 하나님의 뜻이었습니다. 마치 어린아이가 부모님이 조심하라고 가르친 것들을 조심하면서 잘 자라 나중에는 그런 것들이 아무 문제가 되지 않는 성인이 되는 것처럼, 혹은 초신자가 자신의 신앙에 해가 될 만한 것들을 경계하고 삼가면서 영적 성숙을 향해 자라가는 것처럼, 이스라엘 백성은 죄와 악으로 오염된 가나안 땅에 들어가 죄악과 연결된 것들을 조심하고 경계하면서 영적으로 자라가야 했습니다. 그래서 율법을 주셨습니다. 바울 사도는 이 율법을 '몽학선생', 곧 '개인 교사'라고 불렀습니다(갈 3:24). 율법을 통해 더 성숙하고 성장하여 더욱 온전한 교사가 필요하도록 자라가라는 뜻이었습니다.

이스라엘 사람들은 그것이 싫었습니다. 그들에게도 타락한 본성이 그대로 있었기에 죄와 완전히 담을 쌓고 살기가 싫었습니다. 그렇다고 하나님을 완전히 등지고 살 담력도 없었습니다. 그래서 그 중간 지점에서 타협점을 찾았습니다. 그것이 율법주의입니다. 하나님께서 주신 율법을 글자 그대로 해석하고 율법의 문자적 요구를 만족시키는 것이 율법주의입니다. 그렇게 함으로써 하나님의 법망을 피해 갈 수 있다고 생각했습니다. 그렇게 함으로써 하나님의 심판대 앞에서 변명할 말을 만들고, 동시에 이 세상에서 하나님의 눈을 피해 적당히 죄악을 즐기려 했습니다.

율법주의는 거룩한 것과 부정한 것을 구분하고 있는 율법의 자구를 그대로 지키고, 동시에 그것을 철칙으로 만들어 버렸습니다. 돼지고기가 본질적으로 부정하고, 랍스터가 창조될 때부터 부정한 생물로 창조된 것처럼 왜곡한 것입니다. 돼지고기나 랍스터를 안 먹고 사는 것이 거룩한 백성이 되라는 부름을 따르는 것보다 훨씬 쉬웠기 때문입니다. 하지만 율법주의적인 사고방식을 가지고 사는 사람에게는 그런 음식들을 철저히 금하는 것도 그리 쉬운 일은 아니었습니다. 그래서 위선과 허위에 빠지는 경우가 많았습니다.

어떤 유대인 상인이 사업차 거래하는 폴란드 고객의 집에 초청을 받았습니다. 폴란드 고객은 돼지고기로 만든 음식과 포도주로 식탁을 차렸습니다. 그 유대인 상인은 차려 놓은 음식에 손도 대지 않았습니다. 주인이 그에게 묻습니다. "왜 드시지 않습니까?" 그러자 유대인 상인이 대답합니다. "예, 저희는 돼지고기를 먹지 않습니다.

또한 이방인이 만든 포도주는 마시지 않습니다." 그러자 주인이 다시 묻습니다. "아니, 그러면 굶어 죽을 것 같은 상태에서도 이런 음식은 먹지 않습니까?" 유대인이 대답합니다. "아, 그럴 경우에는 규정이 따로 있습니다. 죽고 사는 경우에는 부정한 음식을 먹는 것이 허용됩니다."

그의 말이 끝나자 폴란드 주인이 인상을 험악하게 구기고는 벽에 걸려 있던 권총을 꺼내어 유대인의 관자놀이에 대고 위협합니다. "이 포도주를 마시게. 그러지 않으면 당장 쏠 테니까!" 유대인은 포도주 한 잔을 순식간에 들이켰습니다. 폴란드인은 다시 한 잔을 따라 주면서 말합니다. "한 잔 더 마시게. 죽고 싶지 않다면 말이지." 유대인은 거침 없이 포도주잔을 들이킵니다. 그러자 폴란드인이 활짝 웃으며 말합니다. "아, 미안합니다. 제가 포도주를 가지고 장난을 쳤습니다. 혹시, 화가 나신 것은 아니겠죠?" 그랬더니 그 유대인이 대답합니다. "웬걸요. 매우 화가 나 있습니다. 왜 돼지고기를 가지고 장난을 치지 않은 겁니까?"

유대인들의 율법주의적 위선을 날카롭게 꼬집은 이야기입니다. 이 같은 허위와 위선이 율법주의와 깊숙이 연결되어 있습니다.

4

이런 사고방식은 짐승과 음식에만 국한되지 않았습니다. 율법은 일부 사람들을 부정하다고 규정하고 있습니다. 장애인들, 하혈을 하는 여성들, 전염병에 걸린 사람들, 이방인들이 그 예입니다. 율법이 그들을 부정하다고 규정한 이유는 그들을 차별하라는 뜻이 아니었는데, 이스라엘 사람들은 그 율법을 '차별을 위한 면허증'으로 왜곡했습니다. 이 같은 사고방식과 태도로 인해 얼마나 많은 사람들이 피눈물을 흘려야 했을지, 감히 다 짐작할 수 없습니다.

마가복음 7장의 말씀은 이런 점에서 아주 중요합니다. 예수님과 그분의 제자들은 음식을 먹을 때 손을 씻는 전통을 소홀히 했습니다. 이 '정결 예식'의 전통은 후대에 유대인 지도자들이 만든 것입니다. 음식을 먹을 때에 율법에 부정하다고 규정된 음식을 피할 뿐 아니라 부정한 손으로 먹지 않도록 조심해야 했습니다. 그래서 흐르는 물에 손을 씻는 전통이 생겼습니다. 그렇게 하면 자신도 모르는 사이에 손에 탄 부정을 씻을 수 있고, 내장이 부정 타는 일을 막을 수 있다고 가르쳤습니다.

율법주의가 극단까지 가면 이렇게 됩니다. 율법주의는 어떤 음식이나 어떤 사람에게 마치 부정한 '영적인 균'이라도 있는 것처럼 가르쳤습니다. 그래서 차별하고 소외시켰을 뿐 아니라, 그것과 접촉하면 전염병이라도 옮는 것처럼 번잡을 떨었습니다. 그 영적인 균을 씻어 내기 위해 음식을 먹기 전에 반드시 물로 손을 씻어야 했고, 만일 그렇게 하지 않는 사람이 있으면 그것을 대단한 일로 만들어 그에게 고통을 주곤 했습니다.

예수님은 이 어처구니없는 상황에 동조하실 수 없었습니다. 과거 가나안 땅에 들어갈 때 받은 율법을 절대적인 진리처럼 여겨 하나님이 창조하신 선하고 거룩한 피조물의 일부를 부정하다고 구별하고 차별하고 소외시키는 상황을 인정하실 수 없었습니다. 그뿐 아니라, 마치 이 세상에 영적인 균이 득실거리는 것인 양 음식을 먹을 때마다 손을 씻는 전통도 인정하실 수 없었습니다. 위생을 위해서라면 모르나 음식으로 인해 부정 탄다는 말은 인정하실 수 없었습니다. 그래서 예수님은 의도적으로 그 전통을 무시하셨고, 제자들도 하나둘 예수님을 따라했습니다.

율법주의와 깊은 사랑에 빠진 바리새파 사람들이 이 상황을 그냥 두고 볼 리가 없었습니다. 그들은 예루살렘에 연락하여 율법학자 몇 사람을 오게 했습니다. 율법 전문가를 내세워 예수의 위반에 대해 문책할 계획이었습니다. 아니나 다를까, 율법학자들의 질문에 예수님은 작심한 듯이 대답하십니다. 그분의 대답은 대략 이런 뜻입니다. "당신들은 장로의 전통이라는 것을 지키면서 하나님의 뜻을 회피하고 있소. 하나님께서 원하시는 것은 율법에 담긴 뜻을 행하는 것이지, 율법의 자구를 따르는 것이 아니오." 이어서 예수님은 당시 유대인들에게는 혁명적으로 들릴 만한 발언을 하십니다.

무엇이든지 사람 밖에서 사람 안으로 들어가는 것으로서 그 사람을 더럽히는 것은 아무것도 없다. 사람에게서 나오는 것이 그 사람을 더럽힌다(막 7:15-16).

아마도 이 말을 처음 들은 유대인들은 어안이 벙벙했을 것입니다. 이

이 성전을 허물라

세상에 존재하는 모든 사물과 사람이 부정한 것과 거룩한 것으로 나뉘어 있다는 것은 그들 믿음의 기둥과 같았습니다. 음식의 경우에는 더욱 그러했습니다. 그들은 어릴 적부터 부정한 음식을 먹거나 부정탄 손으로 음식을 먹지 않기 위해 얼마나 신경을 썼는지 모릅니다. 그것은 흔들릴 수 없는, 그들의 세계관이었습니다. 예수님은 이 같은 그들의 세계관의 기초를 뿌리째 흔들고 계십니다. 이런 경우, 사람들은 대개 혼란을 피하기 위해 그 진리를 거부합니다. 못 들은 척하거나, 이해할 수 없다고 변명합니다.

제자들도 그랬습니다. 예수께서 정결 예식을 무시하는 것을 보고 따라하기도 했지만, 그 배경에 그처럼 엄청난 이유가 있는지는 몰랐습니다. 그래서 제자들은 예수님과 따로 만난 자리에서 그 말씀의 의미를 다시 한 번 여쭈었습니다. 예수님은 그들이 이해력이 부족해서 다시 물어본 것이 아니라, 믿기 어려워서 다시 한 번 확인하는 것이라는 사실을 아셨습니다. 그래서 같은 말을 다시 한 번 들려주십니다.

너희도 아직 깨닫지 못하느냐? 밖에서 사람의 몸 속으로 들어가는 것이 사람을 더럽히지 못한다는 것을 알지 못하느냐? 밖에서 사람 안으로 들어가는 것은 무엇이든지, 사람의 마음속으로 들어가지 않고, 뱃속으로 들어가서 뒤로 나가기 때문이다(막 7:18-19).

이렇게 말씀하신 다음에 예수님은 "모든 음식은 깨끗하다"고 덧붙이셨습니다. 이 선언은 예수님의 목숨을 위태롭게 만들었습니다. 예수님의 도발은 거기서 끝나지 않았습니다. 그분은 당시 율법주의가 사람들에게 붙인 '부정하다'는 딱지를 무시했습니다. 그분은 이방인의 집에 들어가는 것을 마다하지 않으셨고, 부정한 곳으로 여겨졌던 사마리아 땅에 자주 들어가셨습니다. 지나가는 상여를 멈추고 시체에 손을 대셨고, 병자들의 환부에 손을 대어 고쳐 주셨습니다. 경건한 유대인이라면 가까이하기를 꺼렸던 죄인들과 장애인들을 찾아가셨습니다. 그 모든 행동을 통해 그분이 하고자 하셨던 말씀은 이런 것이었습니다.

모든 사람은 깨끗하다!
하나님이 깨끗하다고 한 사람을 부정하다고 하지 말라!

이 발언과 행동은 예루살렘 성전을 향하여 "이 성전을 허물어라" 하고 외치신 것과 맥을 같이 합니다. 가나의 혼인 잔칫집에서 예수님은 정결 예식을 위해 준비된 물항아리를 포도주 항아리로 바꾸어 놓으셨습니다. 그로 인해 손을 씻는 것이 영 불가능해진 것은 아니지만, 예수님에게 있어서 손을 씻고 음식을 먹는 정결 예식은 더 이상 중요한 일이 아니었습니다. 아니, 거룩한 것과 부정한 것을 나누는 사고방식과 그에 따른 전통과 관습은 당장 없어져야 할 것이었습니다.

5

오늘, 우리는 종려주일을 지키고 있습니다. 스가랴 선지자의 예언을 따라 예수께서 새끼 나귀를 타고 뒤뚱뒤뚱 예루살렘 성으로 들어오신 그날을 기념하는 날입니다. 이날로부터 6일째 되는 날에 예수님은 십자가에 달려 죽임을 당하십니다. 그분은 그 같은 일이 일어날 것을 미리 아셨지만 피하지 않으셨습니다. 그분은 율법주의의 심장을 향해 걸어가셨고, 율법주의를 지키기 위해 단결한 권력자들과 그들에 의해 사주된 군중의 함성 속에서 죽임을 당하셨습니다. 2천 년 전 어느 금요일 정오, 예수님이 십자가 형틀에 달려 허공에 들려졌을 때, 율법주의는 승리의 축배를 들었을 것입니다.

하지만 사흘 만에 성부 하나님께서는 예수 그리스도를 죽은 자 가운데서 부활시키셨습니다. 부활하신 예수님은 절망에 빠져 있던 제자들을 다시 일으키셔서 그분께서 시작하신 영적 혁명을 이어가게 하셨습니다. 성령께서 그들의 마음을 사로잡아, 율법주의가 만들어 놓은 모든 차별과 장벽을 뛰어넘어 은혜의 복음을 전하게 하셨습니다. 그 복음이 들어가는 곳마다 율법주의가 만들어 놓은 장벽과 장애물이 허물어졌습니다. 유대 땅 안에서만 아니라 로마에서도, 이집트에서도, 러시아에서도, 한국에서도 참된 복음이 들어가면 차별과 소외가 사라졌습니다. 그리하여 세상은 속에서부터 소리 없이 변화되었습니다. 하나님의 진리가 아니라 인간의 욕망이 지배하는 곳에는 언제나 차별과 소외와 단절과 억압이 존재하게 마련입니다.

오늘 저와 여러분이 예수 그리스도 안에서 하나님께 나아갈 수 있는 것은 모두 복음의 은혜입니다. 율법주의의 기준에 의하면, 저와 여러분은 아무도 하나님의 은혜를 받을 수 없는 '부정한 이방인'들입니다. 지금도 근본주의적인 유대인들이 볼 때에 이방인인 우리는 '부정 타게 하는' 사람들입니다. 기피 인물입니다. 바리새인들의 기준에 따르면, 우리는 하나님 앞에 설 수 없는 이유가 너무도 많은 사람들입니다. 율법학자들의 기준에 따르면, 우리는 차별과 소외와 저주의 대상이 될 가능성이 큰 사람들입니다. 예수님께서 율법주의에 대항하여 목숨을 걸고 진리를 위해 싸우지 않으셨다면, 우리는 하나님의 은혜를 영영 알지 못한 채 헛된 삶을 살다가 헛되게 죽었을 것입니다.

바울 사도의 말씀을 전해드립니다. 2천 년 전, 이방인으로서 예수 그리스도를 믿은 사람들에게 전한 말씀은 바로 오늘 저와 여러분을 위한 말씀이기도 합니다.

여러분은 지난날에 육신으로는 이방 사람이었다는 사실을 명심하십시오. 손으로 육체에 행한 할례를 받은 사람이라고 뽐내는 이른바 할례자들〔유대인들〕에게 여러분은 무할례자들〔이방인들〕이라고 불리며 따돌림을 당했습니다. 그때에 여러분은 그리스도와 상관이 없었고, 이스라엘 공동체에서 제외되어서, 약속의 언약과 무관한 외인으로서, 세상에서 아무 소망이 없이, 하나님도 없이 살았습니다. 여러분이 전에는 하나님에게서 멀리 떨어져 있었는데, 이제는 그리스도 예수 안에서 그분의 피로 하나님께 가까워졌습니다. …… 그러므로 이제부터 여러분은 외국 사람이나 나그네가 아니요, 성도들과 함께 시민이며 하나님의 가족입니다. 여러분은 사도들과 예언자들이 놓은 기초 위에 세워진 건물이며, 그리스도 예수가 그 모퉁잇돌이 되십니다(엡 2:11-13, 19-20).

우리가 오늘 복음의 진리를 알고 그 은혜를 입었다는 사실이 얼마나 놀라운 것인지, 바울 사도는 힘있게 증언하고 있습니다. 2천 년 전 어느 날 "모든 음식은 깨끗하다"고 선언하셨을 때, 예수님께서는 결국 그 복음이 차별과 장벽을 넘고 넘어 저와 여러분에게까지 이를 날을 내다보고 계셨을 것입니다. 2천 년 전 유대인들이 부정하다고 여기고 기피하던 사람들을 찾아가 안아 주고 만져 주실 때, 그분은 이 복음이 대양과 대륙을 넘어 우리에게까지 올 것을 예견하셨을 것입니다. 그랬기에 그분은 그 일에 생명을 바치셨습니다.

6

하지만 우리는 예수 그리스도의 십자가 은혜를 감사하는 것만으로 우리가 할 일을 다했다고 생각해서는 안 됩니다. 예수님은 성령을 통해 제자들과 초대 교인들을 일으켜 모든 장벽과 차별을 넘어 복음을 전하도록 이끄셨습니다. 그리하여 복음이 우리에게까지 미쳤고, 그로 인해 우리가 하나님을 아바 아버지라 부르며 영생을 누리면서 살아가고 있습니다. 이 일이 우리에게서 끝나면 안 됩니다. 주님은 우리를 통해서 이 일을 계속 이어가기를 원하십니다. 온갖 형태의 율법주의에 묶여 신음하는 사람들이 복음의 진리 안에서 진정한 자유를 누리도록 돕기 위해서입니다. 구별과 차별과 소외와 억압과 저주를 이 땅에서 걷어 내고 모든 생명의 거룩성을 회복시키기 위해 복음이 전해져야 합니다.

우리가 개인적으로 전도에 힘써야 하는 이유가 여기에 있습니다. 원래는 모든 사람이 거룩하게 지어졌습니다. 하지만 죄로 인해 모든 사람이 타락해 버렸습니다. 복음은 그 거룩성을 회복하는 길입니다. 복음 안에서 우리를 구원하신 예수님께서 우리에게 명령하십니다. "모두가 거룩하니, 복음으로 모두를 거룩하게 하라! 이 세상 모든 만물이 거룩하게 지어졌으니, 복음으로 다시 거룩하게 하라!"

사랑하는 성도 여러분, 모든 것을 거룩하다 하시며, 또한 모든 것을 거룩하게 하시는 주님께 감사합시다. 그분께 우리의 삶을 내어 드립시다. 성령께서 우리를 복음의 진리 안에서 자유케 하실 것입니다. 모든 고정관념과 선입견과 딱딱한 교리의 틀에서 우리를 풀어 주실 것입니다. 그리고 우리를 이끄셔서 복음의 자유가 필요한 이들에게 가게 하실 것이며, 손을 뻗게 하실 것입니다. 복음의 능력이 필요한 사람들을 보게 하실 것입니다. 진실로 그들의 영혼을 사랑하는 마음으로 복음의 진리를 나누도록 도우실 것입니다. 성령께서 인도하시는 이 거룩한 삶이 저와 여러분에게 항상 있기를 간절히 기원합니다.

새끼 나귀를 타신 주님,

그렇게, 고난의 길을 걸어

마침내 십자가에 달리신 주님,

십자가에서 모든 구별과 차별과 장벽을 허무신 주님,

주님의 은혜로 저희가 여기에 서 있습니다.

주님께서 생명을 바쳐서 허무신 차별의 장벽을

저희가 다시 세우지 않게 하시고,

복음의 능력 안에서 자유하게 하소서.

저희를 사용하시어 자유의 복음이 전파되게 하시고,

복음을 통하여 거룩한 이 땅을 거룩하게 하소서.

아멘.

# 9 구원의 질서를 따르는 삶

예수께서 그들에게 말씀하셨다. "이 성전을 허물어라. 그러면 내가 사흘 만에 다시 세우겠다." 요한복음 2:19

열한 제자가 갈릴리로 가서, 예수께서 일러주신 산에 이르렀다. 그들은 예수를 뵙고, 절을 하였다. 그러나 의심하는 사람들도 있었다. 예수께서 다가와서, 그들에게 말씀하셨다. "나는 하늘과 땅의 모든 권세를 받았다. 그러므로 너희는 가서, 모든 민족을 제자로 삼아서, 아버지와 아들과 성령의 이름으로 세례를 주고, 내가 너희에게 명령한 모든 것을 그들에게 가르쳐 지키게 하여라. 보아라, 내가 세상 끝 날까지 항상 너희와 함께 있을 것이다."
마태복음 28:16-20

## 성일(聖日)은 없다, 매일이 성일이다

1

기쁜 부활절입니다! 부활의 은총과 기쁨이 여러분의 마음 안에 깊이 깊이 임하기를 기원합니다. 시기적으로 부활절이 봄의 시작과 거의 맞물려 있다는 것이 우연만은 아닌 듯합니다. 예수 그리스도께서 죽은 자의 땅에서 다시 살아나신 것이나, 생명이 전혀 없는 것처럼 보이던 땅에서 새싹이 돋아 나오는 것이나, 생명의 신비를 전해 준다는 점에서 같다고 할 수 있기 때문입니다. 그 같은 생명의 이적이 여러분 각자의 영혼 속에 그리고 가정과 직장에 함께하기를 기원합니다.

지난 토요일로 우리는 사순절 40일간의 여정을 끝내고 오늘 부활일을 맞았습니다. 이제 오늘부터 오순절까지 50일 동안은 '부활절'(Eastertide)입니다. 이 기간 동안에는 예수 그리스도의 부활을 축하하고 묵상하도록 되어 있습니다. 사실 그리스도인들은 일 년 내내, 일요일마다 예수 그리스도의 부활을 축하하고 감사하도록 되어 있습니다.

토요일은 유대인들이 '안식일'이라고 부르는, 한 주의 마지막 날입니다. 창세기 2장 2절과 출애굽기 20장 8절 이하에 따라 이스라엘 사람들은 안식일을 철저하게 지키기 위해 노력했고, 지금도 종교적인 유대인들은 토요일을 안식일로 지키고 있습니다. 안식일을 지키는 데 있어서 가장 중요한 것은 '일을 하지 않는 것'입니다. 미국에서 토요일 휴무 제도가 시작된 것은 유대인들이 안식일을 지키기 위해 지속적인 로비를 벌인 결과라고 할 수 있을 것입니다. 그런가 하면, 무슬림들은 금요일에 예배를 드립니다. 앞으로 미국 내 무슬림 정치 세력이 커지면, 금요일 휴무 제도가 생길지도 모릅니다.

　기독교의 일요일 예배가 로마 시대에 유행하던 하급 종교의 태양 숭배에서 왔다고 헐뜯는 사람들이 있습니다. 특히, 그리스도인들도 일요일이 아니라 토요일, 곧 안식일에 예배 드려야 한다고 주장하는 교파에서 그렇게 주장하곤 합니다. 우리말로 '일요일'이라 번역된 Sunday가 태양 숭배의 전통에 기초하여 지어진 이름이라는 점에는 의심의 여지가 없습니다. 로마 시대에 하급 종교를 믿던 사람들이 태양을 예배하던 날이 the Day of the Sun, 곧 일요일입니다. 그러니 이날에 그리스도인들이 모여 예배를 드리는 것을 보고 하급 종교를 따른다고 비난할 소지가 없지 않습니다.

　하지만 이것은 터무니없는 비난입니다. 이미 신약성경 안에 초대 교인들이 예수 그리스도의 부활을 기념하기 위해 한 주의 첫 날, 곧 일요일에 모여 기도하고 교제했다는 증거가 있습니다(행 20:7; 고전 16:2; 계 1:10). 그들은 일요일을 다른 이름으로 부르기 시작했습니다. '주의 날' 혹은 '주님의 날'이라는 이름입니다. 그것을 우리는 줄여서 '주일'(主日)이라고 부릅니다."

2

여기서 중대한 질문이 생겨납니다. 왜 그리스도인들은 십계명의 제4계명인 안식일 준수의 계명을 어기고 일요일에 예배를 드리는 것일까요? 이 질문에 대해서는 크게 두 가지로 대답할 수 있습니다.

    첫째, 안식일 계명을 통해 하나님께서 의도하신 '안식'이 예수 그리스도의 십자가와 부활을 통해 우리에게 이루어졌기 때문에 우리에게는 안식일보다 부활일이 더 중요합니다. 하나님께서 율법을 통해 주신 안식일 계명은 단순히 일을 중단하는 것만을 기대한 것이 아닙니다. 일을 중단하는 것은 참된 안식을 위한 기초 작업일 뿐이었습니다. 일을 멈추고 하나님의 은혜를 기억하고 찬양하고 축하하면서 육신적으로, 정신적으로, 심리적으로 그리고 영적으로 안식하기를 원하셨습니다. 하지만 유대 율법주의자들은 외적으로 일을 중단하는 것에만 집착했습니다.

    "안식일에 일을 하지 말라"는 계명은 모호하기 짝이 없습니다. 아무 일도 하지 말라니, 도대체 어떻게 하라는 말입니까? 움직이지 말고 침대에 그냥 누워 있으라는 말입니까? 어디까지가 일이고 어디까지가 일이 아닙니까? 이 질문이 쉽지 않습니다. 그래서 율법학자들은 안식일을 거룩하게 지키기 위한 세부 조항을 만들어 냈습니다. 유대인들이 제2경전으로 여기는 '미쉬나'(*The Mishnah*)에 보면 안식일에 해서는 안 되는 일을 39가지로 정리했습니다. 몇 가지만 예로 들면, 다음과 같습니다. 바느질, 타작, 체질, 반죽, 빵 굽는 일, 두 글자를 쓰는 일, 두 글자를 쓰기 위해 두 글자를 지우는 일.

이렇듯 율법주의자들이 안식일에 해서는 안 되는 일이 무엇인지를 두고 씨름하는 동안, 하나님께서 기대하셨던 내적 안식과 영적 안식은 점점 먼 이야기가 되어 버렸습니다. 율법의 잣대를 가지고 주변을 살피면서 범법자를 찾고 있던 사람들의 영혼도 쉴 수 없었고, 율법주의자들의 눈에 띄어 고난을 당할까 노심초사하는 이들의 영혼도 쉴 수 없었습니다. 이렇듯, 율법주의는 하나님이 주신 율법을 잘 지키려는 노력처럼 보이지만, 실은 율법을 주신 뜻을 해치는 일입니다.

예수님은 이것을 반대하셨습니다. 그분은 안식일에 해서는 안 되는 39가지 일을 거침없이 행하셨습니다. 안식일에 밀밭 사이를 지나가다가 밀 이삭을 손으로 비벼 먹은 제자들을 변호하셨고(마 12:1-8), 18년 동안 등이 굽어 고생하는 여인을 안식일에 치료해 주셨으며(눅 13:10-17), 수종병 환자를 안식일에 고쳐 주셨습니다(눅 14:1-6). 베데스다 연못가에서 38년 된 병자를 고치신 것도 안식일이었고(요 5:1-9), 나면서부터 앞을 보지 못하는 사람을 고쳐 주신 것도 안식일이었습니다(요 9:1-12). 바리새파 사람들이나 율법학자들이 자신을 감시하고 있다 싶을 때면, 더욱 도발적으로 금지된 일을 행하셨습니다.

이 같은 행동은 끊임없이 문제를 만들어 냈습니다. 그때마다 예수님은 안식일의 원뜻을 천명하시며 자신을 변호하셨습니다. 이 문제와 관련하여 두 가지의 말씀을 꼭 기억해야 합니다. 그 하나는 안식일의 목적에 대한 선언입니다.

> 안식일이 사람을 위하여 생긴 것이지,
> 사람이 안식일을 위하여 생긴 것이 아니다(막 2:27).

여기서 예수님은, 하나님께서 제 칠 일에 일을 멈추고 쉬라 하신 것은 전인적인 안식을 추구하도록 주신 명령인데, 사람들이 그 율법으로 오히려 사람들의 영혼을 옥죄고 있는 잘못을 지적하십니다. 다른 하나는 안식일의 주체에 관한 말씀입니다.

> 인자는 안식일의 주인이다(막 2:28).

메시아이신 예수 그리스도는 모세보다 크신 분입니다. 율법을 준 모세가 초보적인 가정 교사라면, 예수 그리스도는 완전한 교사로서 우리에게 오셨습니다. 그러므로 그분은 율법의 종이 아니라 율법의 주인이셨습니다. 그분은 율법을 마음대로 하실 권한을 가지신 분입니다. 그분이 율법을 어겼다면 그럴 만한 이유가 있음이 틀림없습니다. 겉으로는 어긴 것처럼 보이지만, 실은 그 본뜻을 완성하신 것입니다. 그래서 "내가 율법이나 예언자들의 말을 폐하러 온 줄로 생각하지 말아라. 폐하러 온 것이 아니라, 완성하러 왔다"고 말씀하셨습니다(마 5:17).

3

그리스도인들이 안식일이 아니라 부활일에 예배드리는 두 번째 이유는 안식일 예배는 '창조의 질서'를 따르는 것인 반면, 주일 예배는 '구원의 질서'를 따르는 것이기 때문입니다. 예수 그리스도를 통해 시작된 구원의 질서는 창조의 질서를 완성할 뿐 아니라 초월합니다.

 신학대학에서 공부할 때, 평생 독신으로 사신 교수님이 계셨습니다. 언젠가 학생 중 하나가 당돌한 질문을 했습니다. "왜 교수님은 창조의 질서를 어기고 독신으로 사십니까?" 그러자 교수님이 명답을 하셨습니다. "나는 창조의 질서를 따라 살지 않고 구원의 질서를 따라 산다네. 예수님이 천국에서는 시집가고 장가가는 일이 없을 것이라고 말씀하셨잖아? 나는 이미 천국의 질서 속에 살고 있는 셈이지. 자네들과는 차원이 달라."

 저는 그때 총각이었기 때문에 잠시 고민에 빠졌습니다. '나도 구원의 질서, 천국의 질서 안에서 살아야 하나?' 물론 그분은 농담 반 진담 반으로 이 말을 던지셨습니다만, 저는 그것이 명답이라고 느꼈습니다. 구원의 질서는 창조의 질서를 뛰어넘는 것입니다.

 예수 그리스도를 통해 구원이 이르기 전에는 안식일 계명을 지키면서 메시아가 오기를 기다리고 기도해야 했습니다. 일을 멈추고 안식을 취하면서 영혼의 안식을 추구했습니다. 이렇게 안식일 계명을 지키는 것은 창조의 질서를 따르는 것입니다. 하지만 이제 예수 그리스도의 부활을 통해 우리에게 진정한 안식이 이루어졌습니다. 우리는 그것을 '구원'이라고 부릅니다. 모세보다 더 크신 분, 예수 그리스도가 우리에게 오셨습니다. 그분을 통해 안식일보다 더 큰 것이 우리에게 생겼습니다. 부활일, 바로 그것입니다. 그러므로 구원의 질서를 따르는 사람은 부활일을 더 중요하게 여깁니다.

예수께서는 갈릴리에서 활동하실 때 무리에게 이렇게 말씀하신 적이 있습니다.

> 수고하고 무거운 짐을 진 사람은 모두 내게로 오너라. 내가 너희를 쉬게 하겠다. 나는 마음이 온유하고 겸손하니, 내 멍에를 메고 나한테 배워라. 그리하면 너희는 마음에 쉼을 얻을 것이다. 내 멍에는 편하고, 내 짐은 가볍다(마 11:28-30).

이 말씀은 예수 그리스도께서 우리에게 주시는 구원이 어떤 것인지를 잘 보여 줍니다. 우리는 흔히 구원을 '죽어서 천국 가는 것'이라고 정의하지만, 그것은 구원의 한 요소일 뿐입니다. 우리는 죄로 인해 하나님과 원수가 되었는데, 이 깨어진 관계로 인해 우리의 영혼은 쉴 수가 없었습니다. 그런데 예수 그리스도께서 십자가의 희생으로 그 모든 죄를 해결해 주셨습니다. 이제 우리는 예수 그리스도의 보혈 공로를 힘입어 하나님께 돌아가 그분을 아바 아버지라 부르며 살게 되었습니다.

그뿐 아니라 예수 그리스도께서는 부활하셔서 영으로 우리와 함께하십니다. 죽은 후에만 천국에 가는 것이 아니라, 여기 이 땅에서도 부활하신 주님과 함께 천국을 누리며 살도록 하셨습니다. 그렇게 천국을 살아, 우리가 사는 이 땅을 천국으로 변화시켜 가도록 우리를 도우십니다. 그렇게 살다가 죽어 하나님의 품에 이르고, 새 하늘과 새 땅이 이를 때, 첫 열매로 부활하신 주님처럼 우리도 부활할 것입니다.

이 구원은 이미 시작되었고 또한 이루어지고 있습니다. 그러므로 예수 그리스도를 주님으로 영접할 때, 우리의 영혼은 정박할 항구를 찾은 것이며, 안길 품을 얻은 것이고, 돌아갈 고향을 찾은 것입니다. 일을 멈추는 것으로는 결코 맛볼 수 없었던 진정한 안식과 평화를 맛보게 되는 것입니다. 그 값진 구원이 예수 그리스도의 십자가 희생과 부활로 인해 이루어졌습니다. 그래서 우리는 안식일이 아니라 부활일을 지키는 것입니다. 부활일이 안식일 계명의 뜻을 완성시켰으므로, 말하자면 부활일이 안식일을 삼킨 것입니다.

주일 예배 시간에 대표기도 하시는 분들이 다음과 같이 기도하는 것을 여러 번 들은 적이 있습니다. "주님, 이 거룩한 안식일에 저희를 불러 모아 주시어 예배드리게 하시니 감사드립니다." 우리 찬송가에도 그렇게 생각하도록 오도하는 가사가 있습니다. 통일찬송가 57장(새찬송가 43장)에 "즐겁게 안식할 날 반갑고 좋은 날"이라는 가사가 그것입니다. 우리가 주일에 예배를 드리는 것은 안식일을 일요일로 옮겨 지키는 것이 아닙니다. 안식일과는 전혀 다른 의미와 목적으로 예수 그리스도의 부활을 기념하고 감사하고 축하하는 것입니다.

4

전통적으로 그리스도인은 주일성수를 매우 중요한 덕목으로 생각해 왔습니다. '주일성수'란 "안식일을 거룩하게 지키라"는 명령을 주일에 적용한 것입니다. 특히 미국의 청교도 전통의 영향을 크게 입은 한국교회는 주일 지키는 것을 안식일 지키는 것처럼 받아들였습니다. 그로 인해 주일에 '해야 할 일'보다 '하지 말아야 할 일'을 더 많이 생각하는 경향이 있었습니다.

지금은 많이 달라졌지만, 저희 어릴 때만 해도 주일에는 여행하지 말아야 하고, 시장에서 사고 파는 것도 하지 말아야 하며, 공무원 시험에 응시해서도 안 되고, 심지어 버스를 타도 안 된다고 생각했습니다. 대구의 어느 교회에서는 주일 예배를 드리러 나올 때 버스를 타도 되느냐 하는 문제를 두고 논란이 생겼다고 합니다. 결국 교회에서 해결하지 못해 노회에 질문서를 보냈는데, 노회의 판결은 "예배당에 올 때는 버스를 타고, 집에 갈 때는 걸어가라"는 것이었다고 합니다. 지금 생각하면 헛웃음이 나오는 이야기입니다.

세월이 바뀌어 이제는 그런 것에 구애받지 않게 되었고, '주일성수'를 '주일 대예배 참석'이라는 하나의 기준으로 판단하는 경향으로 기울고 있습니다. 주일 아침 일찍 한 시간 예배를 드리고 나면,

나머지 시간에는 어떻게 살아도 주일성수의 계율을 범하지 않은 것처럼 오해하는 사람들이 많습니다. 이것은 또 다른 형태의 율법주의입니다. '주일을 거룩하게 지킨다'는 말은 일요일 전체를 우리의 구원을 이루어 주신 예수 그리스도의 부활을 기념하고 축하하는 일에 사용한다는 뜻입니다. 공적 예배를 드리는 것은 주일을 거룩하게 지키는 가장 핵심적인 요소임에 분명하지만, 그것이 전부가 아닙니다. 거기에 더하여, 은혜를 입은 자답게 은혜를 베푸는 활동으로 주일을 가득 채워야 합니다.

부활의 은혜를 기념하고 감사하고 축하하는 데 주일 하루 전체를 사용하기 위해, 할 수 있으면 주일에 일을 하지 않는 것이 바람직합니다. 주일성수는 '새로운 율법'이 아닙니다. 구원의 은혜를 받은 자로서의 '도리'입니다. 예수 그리스도의 십자가와 부활의 은혜로 구원을 받았다면, 가급적 예수께서 부활하신 그날은 일을 멈추고 함께 모여 예배드리고, 다른 사람을 위해 봉사하고, 나누고 베풀고 쉬고 감사하는 일에 전념할 수 있는 여건을 만들려고 힘써야 한다는 것입니다.

하지만 부득불 주일에 일을 해야 하는 경우가 있습니다. 고용된 일꾼인 경우도 그렇고, 세 들어 있는 가게의 주인이 주일에 영업을 할 것을 요구하는 경우도 그렇습니다. 나 혼자서 결정할 수 있는 경우보다, 혼자만의 결정으로 할 수 없는 경우가 더 많습니다. 이럴 때, 용감하게 모든 손해를 무릅쓰고 주일 휴업을 단행하는 분들도 있습니다. 하지만 모두에게 그럴 만한 믿음이 있는 것은 아닙니다.

하나님은 율법을 주신 분이지만, 율법주의자는 아니십니다.

생계를 위해 주일에 일을 해야 하는 경우, 죄책감만 붙들고 망연히 있어서는 안 됩니다. 주일에 모든 일을 멈추고 예배와 찬양과 나눔과 사귐과 봉사에 전념할 수 있는 환경이 만들어지기를 소원하고 노력하면서, 그렇게 될 때까지 다른 방법으로 주일성수의 '정신'을 이룰 수 있도록 힘써야 합니다. 주일 예배 참석이 영 불가하면, 다른 날이라도 예배에 참석하도록 노력해야 합니다. 아울러, 기회가 될 때마다, 그것이 토요일이든 월요일이든, 십자가와 부활의 은혜를 기억하면서 감사하고 나누고 섬기고 베푸는 일에 마음을 쏟는다면, 주일 성수의 정신을 어느 정도 실천하고 있다고 할 수 있습니다.

5

주일 혹은 일주일에 하루만이라도 성별하여 예배를 드리고 감사와 나눔과 섬김을 실천하는 것은, 나머지 6일을 그 같은 정신으로 살려는 데 목적이 있습니다. 하나님께서는 특정한 날을 정하여 거룩하게 지키고 나머지 날에는 영적 해이 상태에서 살아가는 것을 바라시지 않습니다. 모든 날을 거룩하게 만드는 것이 그분의 뜻입니다.

예수께서는 이 땅을 거룩한 곳과 거룩하지 않은 곳으로 나누는 것에 반대하셨습니다. 하나님의 성령과 함께 있으면 어느 곳이나 거룩한 곳이 되기 때문입니다. 또한 예수께서는 거룩한 사람과 거룩하지 않은 사람으로 나누는 것에 반대하셨습니다. 성령께서 내주하시면, 누구나 거룩해지기 때문입니다. 그분은 또한 거룩한 음식과 부정한 음식을 나누는 것에 반대하셨습니다. 하나님께서 모든 것을 거룩하게 지으셨고, 믿음으로 받으면 모든 것이 거룩하기 때문입니다. 이처럼 그분은 거룩한 시간과 거룩하지 않은 시간을 나누는 것에 반대하셨습니다. 하나님의 성령과 동행하는 사람에게는 모든 시간이 거룩하기 때문입니다.

이것이 주일성수의 정신입니다. 일주일 가운데 하루를 구별하여 우리에게 구원을 허락하신 예수 그리스도의 은혜를 기억하고 축하하며 구원의 은혜가 우리 마음 안에 살아 있게 함으로써 나머지 엿새 동안 그 은혜의 힘으로 살아가도록 하는 것이 주일성수의 정신입니다. 매일 경건 생활을 하는 이유도 여기에 있습니다. 하루에 한 시간을 떼어 하나님과 함께 하는 거룩한 시간으로 만듦으로써 하루의 시간 전체를 거룩하게 하려는 것입니다. 이것이 은혜 안에 사는 삶입니다. 따라서 은혜 안에 사는 사람은 율법 안에 사는 사람으로서는 상상조차 할 수 없는 기쁨의 비밀을 갖게 됩니다.

부활하신 주님께서 제자들을 떠나가시면서 마지막으로 남긴 말씀이 무엇이었습니까?

보아라, 내가 세상 끝 날까지 항상 너희와 함께 있을 것이다(마 28:20).

여기서 '항상'이라는 번역은 아쉽습니다. 유진 피터슨은 「메시지」에서 이 마지막 문장의 뉘앙스를 잘 살려 번역해 놓았습니다. "너희가 이 일을 하는 동안에, 이 시대가 끝날 때까지, 날마다, 하루도 빠짐없이, 내가 너희와 함께 있을 것이다." 부활의 주님은 일요일만 아니라 월요일부터 토요일까지 매일 우리와 함께 일하기 원하십니다. 이런 관점에서 보면, 일요일만이 주일이 아니라 매일이 주일입니다. 존 웨슬리는 자신의 일기에 "매일이 성일이다"라고 써 놓았는데, 오늘 저는 "매일이 주일이다"라고 쓰고 싶습니다.

6

사랑하는 성도 여러분, 지난 겨울 참 힘드셨지요? 유난히 눈도 많았고, 비도 잦았으며, 추위도 길었습니다. 그러나 보십시오. 하룻밤 사이에 온 세상이 꽃 천지가 되어 버렸습니다. 이제는 따뜻한 햇볕을 받고 맑은 공기를 마시며 마음껏 기지개를 켤 수 있게 되었습니다. 부활의 소식은 2천 년 전에 있었던 역사적 사건을 가리키는 것이 아니라, 바로 오늘 저와 여러분 각자의 삶과 직결되는 소식입니다. 이제 겨울이 다 지나고 꽃 천지가 시작되었음을 알리는 소식입니다. 부활의 주님을 우리 삶에 맞아들여 그분과 함께 새 세상을 살라는 초청입니다.

예수 그리스도께서는 십자가에 달려 우리의 죄를 사해 주시고 부활하셔서 새로운 세상을 열어 주셨습니다. 어느 곳에서나 부활하신 주님을 통해 성부 하나님과 사귀며 살아가는 세상, 그리고 언제나 부활하신 주님과 함께 예배하며 살아가는 세상을 열어 주셨습니다. 그렇게 살아 우리 모두가 거룩해지고, 그리하여 이 세상을 거룩하게 변화시키는 길을, 주님께서는 활짝 열어 놓으시고 우리를 그 길로 부르십니다. 우리는 주일마다 함께 모여 예배드리면서 부활하신 주님께서 오늘도 내일도 그리고 모레도 우리와 함께 일하고 계시다는 사실을 확인하고, 그분과 함께 살아갈 것을 다짐합니다.

이렇게 살아가면 두려울 것이 없습니다. 죽음의 권세를 이기신 부활의 주님께서 세상 끝 날까지, 매일, 빠짐없이, 언제나, 순간순간 우리와 함께하시기 때문입니다. 그분과 함께 우리는 이 땅에서 천국을 살고, 우리의 목숨이 다할 때 그분의 은총을 힘입어 하나님의 품에 이르고, 언젠가 새 하늘과 새 땅이 이를 때 우리는 그분처럼 부활하여 영원히 다스릴 것입니다. 그렇기 때문에, 이 믿음 위에 선 사람에게는 주어진 하루하루가 주일이요 생일이요 축일이며 성일이 되는 것입니다.

육신을 입고 있는 한, 우리는 어쩔 수 없이 고난의 터널도 지나고 어둠의 계곡도 지납니다. 질병의 고난도 당하고 실패의 아픔도 겪습니다. 사랑하는 사람과의 이별도 겪어야 하고 마침내 죽음의 골짜기를 지나가야 합니다. 하지만 부활의 주님께서 우리와 함께하심을 믿는다면, 걱정할 것이 없습니다. 부활하신 주님과 매일 함께한다면, 어둠도 어둠이 아니며 고난도 고난이 아니고 죽음도 죽음이 아닙니다. 그래서 바울 사도는 죽음을 향해 이렇게 호령했습니다.

죽음아, 너의 승리가 어디에 있느냐?

죽음아, 너의 독침이 어디에 있느냐?(고전 15:55)

부활의 능력과 기쁨과 은총이 여러분 모두에게 그리고 저에게도, 깊이, 밀도 있게, 매일, 그리고 매 순간 함께하기를 기원합니다.

부활하셔서 시간과 공간의 제약을 넘어서신 주님,
언제 어디서나 저희와 함께 하시는 주님,
문제는 저희입니다.
저희의 마음 문을 두드리시는 주님의 음성을 모른 체하는 저희,
주님을 모시고 더불어 먹고 살기를 불편해 하는 저희,
주님을 주일 예배에만 묶어 두려는 저희,
저희가 문제입니다.
오, 주님,
저희를 깨우소서.
주님의 열어 놓으신 새 세상으로
활짝 깨어나도록 도우소서.
주님이 열어 놓으신 구원의 길을 걸어
매일을 성일로 만들게 하시고
우리가 선 자리를 천국으로 만들게 하소서.
아멘.

# 10 인생은 성찬이다

예수께서 그들에게 말씀하셨다. "이 성전을 허물어라. 그러면 내가 사흘 만에 다시 세우겠다."  요한복음 2:19

"내가 아버지께 비는 것은, 그들을 세상에서 데려 가시는 것이 아니라, 악한 자에게서 그들을 지켜 주시는 것입니다. 내가 세상에 속하지 않은 것과 같이, 그들도 세상에 속하지 않았습니다. 진리로 그들을 거룩하게 하여 주십시오. 아버지의 말씀은 진리입니다. 아버지께서 나를 세상에 보내신 것과 같이, 나도 그들을 세상으로 보냈습니다. 그리고 내가 그들을 위하여 나를 거룩하게 하는 것은, 그들도 진리로 거룩하게 하려는 것입니다."

요한복음 17:15-19

## 거룩한 인생은 없다, 모든 인생이 거룩하다

1

지금까지 우리는 예수께서 율법주의와 벌이셨던 싸움에 대해, 그리고 율법주의에 대한 대안으로 그분이 제안하신 복음적 삶의 태도에 대해 살펴보았습니다. 주의 깊게 글을 읽은 독자라면, 정확히 잡아낼 수 없는 묘한 의문 혹은 불안감을 느끼셨을지 모릅니다. 아니, 그러한 느낌을 가져야 마땅합니다. 저와 여러분이 자라 왔고 또한 지금 몸담고 있는 한국교회의 풍토가 매우 율법주의적이기 때문입니다. 원하든 원치 않든, 우리는 율법주의적인 사고와 전통에 깊이 물들어 있습니다. 그동안 누누이 강조해 왔듯이, 율법주의는 안전한 피난처와 같습니다. 그곳에 숨으면 편안하고 안전할 것처럼 보입니다. 그래서 율법주의가 허물어질 것 같으면 불안감을 느낍니다.

지금까지의 내용을 정리하면 아래와 같습니다.

- **성전은 없다.** 예배당은 성전이 아니다. 성령과 동행하는 사람에게는 어디나 성전이다.
- **제사장은 없다.** 목사는 제사장이 아니다. 예수 그리스도를 믿는

사람은 모두가 제사장이다.

- **성직은 없다.** 예수 그리스도를 믿는 사람에게는 모든 직업이 성직이다.
- **제사는 없다.** 예배는 제사가 아니다. 예수 그리스도를 믿는 사람에게는 삶이 곧 제사다.
- **부정한 것은 없다.** 거룩한 것과 부정한 것을 나누지 말라. 하나님이 창조한 것은 모두 거룩하다. 믿음으로 받으면 다 거룩하다.
- **성일(聖日)은 없다.** 안식일 율법은 주일에 일어난 부활을 통해 완성되었다. 그래서 우리는 주일에 예배를 드린다. 부활하신 주님과 동행하는 사람에게는 매일이 성일이다.
- **율법은 없다.** 그리스도 안에서 율법은 완성되었으며, 우리는 율법으로부터 자유해졌다. 하나님께서 우리에게 원하시는 것은 성령과 더불어 살아가면서 거룩해지는 것이다.

율법주의의 짐 아래서 신음하던 사람들에게는 이 진리 하나하나가 얼마나 자유케 하는, 해방감을 주는 소식인지 모릅니다. 이제 마음껏 숨을 쉴 것 같은 기분입니다. 하지만 한편으로는 불안합니다. 그동안 나를 붙들어 매고 있던 끈으로부터 풀려나 적막한 광야에서 길을 잃고 헤맬 것만 같은 불안감을 느끼는 겁니다. '율법주의'에서 풀려나는 것은 좋은데, 그렇게 하다가 '무법주의'에 빠지는 것은 아닌지, 두려워지는 것입니다. '무법주의'란 예수 그리스도 안에서 율법이 끝났으니, 이제는 내 마음대로 살아도 된다고 생각하는 태도를 말합니다.

2

예배당을 성전이라고 불러 신성화하고, 교인들로 하여금 마치 성전이 삶의 전부인 것처럼 성전 중심의 생활을 하도록 가르치는 것이 율법주의입니다. 주일성수의 원칙을 율법처럼 가르치면서 주일 예배 한 번만 빠져도 큰 벌이 떨어질 것처럼 위협하는 것이 율법주의입니다. 목사를 제사장이라 가르치고 그에게 절대 복종을 강요하는 것이 율법주의의 또 다른 얼굴입니다. 이 세상에서 하는 일은 모두 '썩어 빠질 일'이며, 교회 일과 선교만이 '주의 일', '거룩한 일'이라고 가르치는 것이 율법주의입니다. 수입의 십분의 일은 하나님의 것이고, 그 나머지는 자기 마음대로 사용해도 된다고 생각하는 것이 율법주의입니다.

    우리는 이 율법주의로부터 해방되어야 합니다. 하지만 율법주의로부터 벗어난다는 말은 무법주의자가 된다는 뜻이 아닙니다. 예수께서 '보이는 성전'을 허물라고 하셨으니, 이 땅에 그 어떤 형태의 종교적인 건물을 세워서는 안 된다고 주장하는 것이 무법주의입니다. 예수께서 제사장 제도를 폐하셨으니, 교황, 신부, 목사 등 모든 교권이 사라져야 한다고 주장하는 것이 무법주의입니다. 예수께서 제사와 제물을 부정하셨으니, 십일조와 헌금은 중단되어야 한다고 주장하는 것이 무법주의입니다. 예수께서 안식일에 일하셨으니, 어느 하루를 떼어 내어 예배드릴 필요가 없다고 생각하는 것이 무법주의입니다. 예수께서 율법을 폐지하셨으니, 나는 아무것에도 얽매이지 않겠다고 주장하는 것이 무법주의입니다.

율법주의에 빠지거나 무법주의에 빠지는 것은 우리의 타락한 욕심에 속아 넘어갔기 때문입니다. 잠깐이라도 우리의 타락한 욕심에 대해 방심하면, 우리는 어느새 율법주의에 기대어 죄를 탐하거나 무법주의자가 되어 죄를 즐기게 됩니다. 그래서 바울 사도는 이 두 극단을 생각하며 다음과 같이 말씀했습니다. 율법주의로부터 벗어날 것을 권고하면서 하신 말씀입니다.

그리스도께서 우리를 해방시켜 주셔서, 자유를 누리게 하셨습니다. 그러므로 굳게 서서, 다시는 종살이의 멍에를 메지 마십시오 (갈 5:1).

반면, 율법주의에서 해방되어 무법주의로 흐를 것을 염려하여 다음과 같은 말씀을 덧붙입니다.

형제자매 여러분, 하나님께서는 여러분을 부르셔서, 자유를 누리게 하셨습니다. 그러나 여러분은 그 자유를 육체의 욕망을 만족시키는 구실로 삼지 말고, 사랑으로 서로 섬기십시오(갈 5:13).

3

율법주의도 아니고 무법주의도 아니라면, 우리가 설 자리는 어디입니까? 예배당, 예배, 주일, 목사, 십일조 등에 대해 율법주의적인 태도를 가지는 것은 속박되는 것이요 무법주의적인 태도를 가지는 것은 방탕으로 기우는 것이라면, 도대체 그런 것들에 대해 어떤 태도를 가지는 것이 옳겠습니까?

이 대목에서 저는 우리가 지키는 성례전, 즉 성찬과 세례를 생각해 보기를 권합니다. 성례전의 의미를 묵상하면서 우리는 율법주의도 무법주의도 아닌 제3의 대안을 찾을 수 있습니다.

저희 교회는 한 달에 한 번씩 성찬을 나눕니다. 성찬을 위해 강단 성찬대에 빵과 포도즙이 마련됩니다. 그 빵과 포도즙을 가리켜 '성찬', 곧 '거룩한 음식'이라고 부릅니다. 성찬에 사용되는 빵과 포도즙은 특별히 만들어진 것이 아니라 성찬위원들이 가게에서 산 것입니다. 또한 세례를 베풀 때면 이 강단에 물이 마련됩니다. 그것을 보통 '성수'(聖水)라고 부릅니다. 그 물 역시 수도꼭지에서 받은 물입니다.

어릴 적의 일입니다. 제가 다니던 교회의 담임목사님이 이스라엘을 다녀오시면서 요단 강 물을 떠 와서 그 물로 세례를 베푸셨습니다. 그때 이례적으로 많은 교인들이 세례를 신청했습니다. 요단 강 물로 세례 받을 기회를 놓치고 싶지 않은 분들이 많았기 때문입니다. 하지만 요단 강 물이나 한강 물이나 포도맥 강 물이나, 차이가 있을 수 없습니다. 물의 성분을 분석해 보면 차이가 있을 수 있으나, 요단 강 물은 거룩하고 한강 물이나 포토맥 강 물은 덜 거룩하다고 할 수 없습니다.

성찬을 나눌 때, 집례목사는 빵과 포도즙을 성별하는 기도를 올리고, 세례를 베풀 때는 물을 성별하는 기도를 올립니다. "거룩한 목적을 위해 구별된 것이니, 그것을 통해서 거룩한 뜻을 이루어 주소서"라고 기도합니다. 가톨릭교회에서는, 성별하는 기도를 드릴 때 그 빵과 포도즙이 진짜 예수 그리스도의 살과 피로 변한다고 가르칩니다. 이것이 '화체설'이라고 하는 겁니다. 반면, 개신교회에서는 빵과 포도즙과 물 자체가 거룩해지는 것이 아니라 거룩한 은총을 전달하는 매개체가 되기 때문에 거룩하다고 여깁니다.

성찬을 거룩하게 받아 먹으면서 우리는, "우리의 영적인 눈을 밝혀 주셔서 모든 사람과 사물로부터 거룩성을 보고 이 세상을 거룩하게 살게 해 주옵소서" 하고 기도합니다. 예배당에서 나눈 성찬은 거룩한 것이고, 집에서 먹는 밥은 거룩하지 않다고 생각하는 것은 율법주의입니다. 예배당에서 떼는 빵과 포도즙은 다른 빵과 포도즙과 아무런 차이도 없다고 생각하여 함부로 대하는 것은 무법주의입니다. 성례전이 무엇인지 아는 사람이라면, 감사와 두려움이 교차하는 마음으로 성찬을 거룩하게 대하고, 그 은혜를 힘입어 일상에서 대하는 모든 식탁을 거룩하게 대하게 됩니다.

4

예수님께서 우리에게 기대하시는 것은 성찬 식탁에 올려진 빵과 포도즙을 대하듯이 모든 것을 대하는 것입니다. 그것이 율법주의와 무법주의의 함정을 피하고 성령의 인도하심에 따라 살아가는 방법입니다.

요즈음 한국에서는 거대 예배당 건축 문제로 말이 많습니다. 그러다 보니, 예배당 짓는 것은 무조건 나쁜 것처럼 생각하는 경향이 있습니다. 물론, 방법과 절차 면에서 덕이 안 되는 경우도 없지 않지만, 예배당 짓는 것이 무조건 악인 것처럼 말하는 것도 옳지 않습니다. 우리가 힘과 뜻과 기도를 모아 정갈하고 기품 있는 예배당을 지었다면, 그것은 거룩한 목적을 위해 성별된 공간이기에 거룩하게 인정받고 또한 사랑 받아야 마땅합니다. 예배당을 '성전'이라고 부르며 신성화하는 잘못에 빠지지 말아야 하겠지만, 성찬대에 놓인 빵과 포도즙을 대하는 것과 같은 마음 자세로 예배당을 거룩하게 대해야 합니다.

성탄 카드 그림 중에 우리 모두의 눈에 익은 정경이 하나 있습니다. 눈 덮인 마을에 군데군데 집들이 있고, 뒷편 언덕에 예배당이 서 있는 광경입니다. 그 예배당의 존재로 인해 마을 전체가 거룩해 보이는 것은 저만의 감상이 아닐 것입니다. 그것이 예배당의 존재 이유입니다. 우리가 사는 공간 중에서 일부를 떼어 내어 거룩한 목적을 위해 바칩니다. 그 장소는 거룩한 목적을 위해 사용되도록 마련되었다는 점에서 거룩합니다. 그 동네 사람들은 그 예배당에서 거룩한 하나님의 세계에 집중함으로 온 세상이 거룩하다는 사실을 깨닫게 되고, 그렇게 온 세상을 살아갈 힘을 얻습니다.

주일을 거룩하게 지키는 것도 마찬가지입니다. 주일이 월요일보다 본질적으로 더 거룩한 것은 아닙니다. 예수 그리스도께서 그날에 부활하셔서 우리의 구원을 이루어 주셨기에, 우리는 할 수 있는 대로 그날을 구별하여 거룩하게 지킵니다. 그렇게 하루를 떼어 내어 거룩하게 지킬 때, 우리의 영적인 눈이 밝아져 매일을 주일처럼 살 수 있게 됩니다. 일주일에 하루를 '주님의 날'로 구별하여 지키고, 나머지 6일을 '나의 날'로 생각하고 마음대로 산다면, 그것은 율법주의입니다. 주일이나 다른 날이나 다를 것이 없다 생각하고, 예배도 폐하고 모이기도 폐하고 자기의 욕심을 따라 매일을 산다면, 그것은 무법주의입니다.

오래전에 대학원생들을 지도할 때의 일입니다. 어느 학생이 '바울의 기도 신학'이라는 제목의 졸업 논문을 썼습니다. 논문 심사를 하는 자리에서 제가 마지막으로 그 학생에게 여담처럼 질문을 하나 던졌습니다. "그래, 기도에 대해 참 좋은 논문을 썼네. 그러면 자네는 얼마나 기도하고 있고, 어떻게 기도하고 있는지 말해 줄 수 있겠나?" 그랬더니 그 학생이 아주 당당하게 이렇게 대답하는 겁니다. "저는 삶이 곧 기도라고 생각합니다. 바울도 그렇게 가르쳤습니다. 그래서 저는 항상 기도하려고 노력할 뿐 따로 기도하지는 않습니다." 저는 그 학생이 자신에게 속고 있음을 단번에 알아챌 수 있었습니다. 기도에 대한 바울의 가르침을 무법주의로 왜곡시키고, 그것으로 '기도를 쉬는 죄'를 정당화하고 있었던 것입니다.

삶이 곧 기도가 되어야 한다는 말은 맞습니다. 그것이 복음의 정신입니다. 그런데 삶 전체가 기도가 되게 하기 위해서는 하루 중 일정한 시간을 구별하여 정기적으로, 규칙적으로 기도에 전념해야만 합니다. 저도 같은 유혹에 빠져 기도 없이 생활해 보았기 때문에 체험적으로 압니다. 일정한 시간을 성별해 바치지 않으면, 내 시간 전체를 거룩하게 지킬 수 없습니다. 예수님도 매일같이 아침 일찍 혹은 늦은 밤에 기도에 전념하는 시간을 구별하셨습니다. 예수님이 그렇게 하셨다면, 우리는 얼마나 더 그렇게 해야 하겠습니까?

십일조 헌금에 대해서도, 사람들의 의견은 크게 율법주의적인 태도와 무법주의적인 태도로 나뉘어 있습니다. 율법주의적인 사고방식을 가진 사람은 수입의 십분의 일은 하나님의 것이며, 나머지 십분의 구는 자신의 것이라고 생각합니다. 십일조를 드리고는, 나머지 십분의 구를 마음대로 사용할 자격을 얻은 것처럼 생각하고 행동합니다. 반면 무법주의적인 사고방식에 빠진 사람들은 예수 그리스도 안에서 율법이 끝났으므로 십일조 헌금도 폐지되었다고 주장합니다. 이 두 가지 태도는 모두 자신의 타락한 욕심에 속은 것입니다. 우리는 많고 많은 빵과 포도즙 가운데 일부를 구별하는 것처럼, 우리 손에 맡겨진 수입 가운데 십분의 일을 구별하는 겁니다. 정기적으로 그렇게 구별하여 바치면서 물질에 대한 눈을 뜨게 됩니다. 우리의 소유와 존재 전체가 하나님의 것임을 인정하고 그렇게 살아가게 됩니다.

목회자도 성찬 식탁에 올려진 빵과 포도즙과 같습니다. 하나님께서 수많은 사람들 중에서 일부를 목회자로 부르셨습니다. 본질적으로 목회자는 다른 사람들과 아무것도 다를 것이 없습니다. 다만, 거룩한 일을 위해 온전히 헌신하도록 부름받았다는 점에서 다를 뿐입니다. 그러므로 목회자는 거룩한 일에 성별된 존재로서 구별됨이 드러나도록 힘써야 합니다. 성도들도 그 구별됨을 인정하고 배려해 주고 또한 존중해 주어야 합니다. 그리고 목회자를 보면서, 자신에게도 동일한 부름이 주어졌다는 사실을 기억해야 합니다.

5

이 대목에서 가장 중요한 진리를 기억해야 합니다. 믿는 사람은 모두 성찬 식탁에 올려진 빵과 같은 존재입니다. 온 세상을 거룩하게 하기 위해 하나님께서 거룩하게 성별하신 존재입니다. 믿는 사람이 믿지 않는 사람과 본질적으로 다른 것은 아니지만, 다르게 되도록 하나님께서 구별하셨고, 그들을 통해 세상 모든 사람을 다르게 만들기를 하나님께서는 원하십니다.

하나님께서 이스라엘 백성을 선민으로 선택하신 것은 그들을 통해 만민을 구원하기 위함이었습니다. 그런데 이스라엘 백성은 마치 자기들에게 선택받을 만한 충분한 이유가 있는 것처럼 생각했고, 그리하여 다른 민족들을 하나님 앞으로 인도해야 할 책임을 망각했습니다. 그래서 하나님께서는 예수 그리스도를 통해 새로운 민족을 선택하셨습니다. 이번에는 혈통을 따라 선택한 것이 아니라, 믿음을 따라 선택하셨습니다. 교회는 새로운 선민으로 선택받은 '영적 나라'이며, 그리스도인들은 '새로운 선민'입니다. 우리가 다른 사람들보다 먼저 복음을 듣고 응답한 것은, 우리에게 어떤 '예쁜 구석'이 있거나 우리가 다른 사람보다 거룩해서가 아니라, 이 세상 모든 사람을 구원하여 거룩하게 하시려는 하나님의 뜻 때문입니다.

얼마 전에 운전을 하다가 지역 방송을 듣게 되었습니다. 어느 복음성가 가수가 진행하는 프로그램이었는데, 그날의 주제가 하나님의 '은혜'였습니다. 하나님의 은혜에 관한 찬양을 들려주면서 중간중간에 멘트를 하는 식으로 진행을 했습니다. 진행자는 하나님의 구원의 은혜를 설명하면서 이렇게 말했습니다. "뛰어나고 대단한 사람들을 다 제쳐 두고 나같이 못난 사람을 선택하셔서 구원하신 하나님의 은혜에 감사합니다." 운전하는 시간이 길어서 저는 그 프로그램을 꽤 오래 듣게 되었는데, 그 진행자의 고백에는, 안타깝게도, 하나님의 은혜를 알지 못하고 살아가는 수많은 사람들에 대한 관심과 연민과 책임이 전혀 담겨 있지 않았습니다.

목적지에 도착해서 라디오를 끄고 차에서 내리면서 저는 씁쓸함을 느꼈습니다. "아, 어쩌면 저렇게 자아도취적일 수 있을까?" 싶었습니다. 저래서 "종교는 아편이다"라는 험한 소리가 나오는가 보다 싶었습니다. 하나님께서 이스라엘에게서 선민의 자격을 빼앗은 이유가 어느 정도 이해가 되었습니다. 하나님께서 우리로 하여금 복음을 듣게 하시고 복음에 응답하게 하셔서 우리가 먼저 믿는 자가 되었다는 것, 그리고 주님의 거룩한 몸인 교회에 우리가 속하게 되었다는 것은 특권이면서 동시에 책임인 것을, 그 진행자는 잊고 있었습니다. 먼저 믿는 우리는 성찬 식탁에 놓인 빵과 포도즙처럼 되어야 한다는 것을 까맣게 잊은 것 같았습니다.

오늘 요한복음 말씀 속에서 예수님은 제자들을 두고 기도하십니다.

내가 아버지께 비는 것은, 그들을 세상에서 데려 가시는 것이 아니라, 악한 자에게서 그들을 지켜 주시는 것입니다(요 17:15).

우리가 예수 그리스도를 믿고 따르는 것은 우리만의 천국을 만들어 놓고 그 안에서 우리끼리 즐기자는 것이 아닙니다. 예수님은 우리가 이 세상 속으로 깊이 파고 들어가기를 원하십니다. 그래서 이렇게 기도하십니다.

아버지께서 나를 세상에 보내신 것과 같이, 나도 그들을 세상으로 보냈습니다(요 17:18).

하나님의 궁극적인 목표는 교회를 통해 이 세상을, 그리고 믿는 사람들을 통해 믿지 않는 사람들을 구원하는 데 있습니다. 그러므로 우리는 먼저 예수 그리스도 안에서 거룩함을 추구해야 합니다. 정갈하고 가지런히 식탁에 올려진 성찬처럼, 혹은 빛나는 접시에 정성스럽게 올려진 예물처럼, 믿는 이들의 존재와 삶 속에 '구별됨의 증거' 가 있어야 합니다. 그래서 예수님은 이렇게 기도하십니다.

> 진리로 그들을 거룩하게 하여 주십시오. ……내가 그들을 위하여 나를 거룩하게 하는 것은, 그들도 진리로 거룩하게 하려는 것입니다(요 17:17, 19).

이 같은 구별됨의 증거를 가지고 우리는 세상 속으로 파고 들어가야 합니다. 믿지 않는 사람들을 찾아가 만나야 합니다. 믿는 사람들끼리 어울리는 것에 만족하는 것이 율법주의입니다. 우리는 율법주의를 반대합니다. 그래서 이 세상 속으로 파고 들어가 믿지 않는 사람들의 친구가 되어 줍니다. 그러나 그렇게 어울리면서, 믿지 않는 사람들의 세속적인 영향력에 휩쓸리는 것은 무법주의입니다. 그들과 어울리되, 자신의 구별됨이 그들에게 영향을 미치게 하는 것, 그리하여 그들을 하나님 앞으로 돌아오게 하는 것, 이것이 우리가 받은 부름이며, 이것이 바로 성찬 식탁에 올려진 빵처럼 사는 것입니다.

## 6

사랑하는 성도 여러분, 우리가 우리의 인생이 성찬과 같다는 것을 알고 그렇게 살아간다면, 우리 삶에 어떤 변화가 일어날지 상상이 되지 않습니까? 그렇게 살아갈 때 우리는, 그 모든 것을 신성화하고 우리를 영적인 노예로 만들려는 율법주의의 굴레로부터 자유로울 것입니다. 그렇게 살아갈 때 우리는, 모든 것을 세속화하고 우리를 우리 자신의 타락한 욕심의 노예로 만들려는 무법주의의 함정으로부터 벗어날 것입니다. 그리고 이전과는 전혀 다른 세상을 보고 전혀 다른 삶을 살게 될 것입니다.

예배당을 성찬 떡처럼 대하고 드나들면서 온 세상이 다 거룩하다는 사실에 눈을 뜨게 될 것입니다. 예배를 드릴 때 성찬 떡처럼 대하여 나의 삶 전체가 예배임을 확인하고 그렇게 살아갈 것입니다. 목사를 대할 때 성찬 떡처럼 대하여 자신도 역시 거룩한 제사장으로 부름받았음을 확인할 것입니다. 나의 소유 중 구별하여 바치는 헌금을 성찬 떡처럼 대하여 남겨진 소유 전체가 거룩하게 사용되기를 소망할 것입니다. 주일을 맞고 준비할 때 성찬 떡처럼 대하여 주어지는 모든 시간을 거룩하게 살아갈 힘을 얻을 것입니다. 그리고 복음 안에서 구원의 길로 부름받은 자신이 주님의 거룩한 손으로 구별된 성찬 떡이라는 사실을 깨닫고, 이 세상으로부터 더욱 구별되기 위해 힘쓰며, 자신의 인생이 다른 사람들의 영적 허기를 채우는 일에 사용되기를 열망하고 노력할 것입니다.

이렇게 살아간다면, 우리 인생의 맛과 색깔과 열매가 얼마나 달라질까요? 이 같은 변화가 한꺼번에 완전하게 일어나는 경우는 별로 없습니다. 하지만 우리가 영적으로 성장하고 성숙하면서 이 같은 변화가 점점 깊어 간다면, 우리 인생의 깊이와 질이 얼마나 달라질까요? 그렇게 하루하루를 살아가면, 때로 환난을 겪고 고난을 만나더라도 담대하게 그리고 평온하게 그 어려움을 뚫고 나갈 영적 힘을 발견하게 될 것입니다. 그렇게 하루하루를 살아가다 보면 언젠가 우리 인생의 종착점에 도달했을 때, 어느 시인의 고백처럼 참 즐거운 소풍이었다고 감사하며 주님께 안길 수 있을 것입니다. 그리고 이렇게 살아간다면, 하나님께서 이 세상을 거룩하게 하시는 일에 우리가 유익하게 쓰임받게 될 것입니다.

아, 진실로 그렇게 되었으면 좋겠습니다. 언제까지 쉴 목숨인지는 모르지만, 이 덧없는 인생 속에 영원의 흔적이 남겨지면 좋겠습니다. 저의 모든 것이 성찬 식탁에 올려진 빵처럼 거룩하게 구별되고 남김없이 쪼개어 사용되었으면 좋겠습니다. 그리하여 한 사람이라도 더 예수 그리스도를 알고 참된 생명을 얻는 데 제 인생이 사용되었으면 좋겠습니다. 그렇게 살다 간다면, 마지막 숨을 쉴 때 저도 "다 이루었다"(요 19:30)고 말하며, "아버지, 내 영혼을 아버지 손에 맡깁니다"(눅 23:46)라고 기도하며 갈 수 있을 것입니다.

이 소원이 저에게 그리고 저와 같은 소망을 가진 모든 분들에게 이루어지기를 기원합니다.

저희를 불러 내어
이 세상을 위한 성찬 식탁 위에 얹어 주시니
감사드립니다.
오, 주님,

인생은 성찬이다

저희를 도우시어

율법주의의 피난처로부터 벗어나게 하시고

무법주의의 함정에도 빠지지 않게 하소서.

성찬 식탁에 올려진 빵과 포도즙처럼

거룩하게 구별되게 하시며

그 구별됨의 증거를 가지고

세상 속에 들어가게 하소서.

저희를 통해

이 세상이 거룩해지도록

저희를 쪼개시고 나누시고 먹이시옵소서.

아멘.

# 11 이적을 좇는 믿음

예수께서 유월절에 예루살렘에 계시는 동안에, 많은 사람이 그가 행하시는 표징을 보고 그 이름을 믿었다. 그러나 예수께서는 모든 사람을 알고 계시므로, 그들에게 몸을 맡기지 않으셨다. 그는 사람에 대해서는 어느 누구의 증언도 필요하지 않으셨기 때문이다. 그는 사람의 마음 속에 있는 것까지도 알고 계셨던 것이다.

요한복음 2:23-25

## 이적은 없다, 모든 것이 이적이다

1

지난 주에 어느 교우께서 제 아내에게 책을 하나 건네 주었습니다. 2001년부터 2008년까지 중국 대사를 지냈고, 2008년부터 1년 동안 통일부 장관을 지낸 김하중 장로의 영적 자서전 「하나님의 대사」라는 책입니다. 그 교우는 "이 책을 읽고는 기도에 대한 제 생각이 많이 바뀌었습니다"라고 말씀했다고 합니다. 아내가 반쯤 읽더니, 저도 한 번 읽어 보면 좋겠다고 권했습니다.

김하중 장로는 어릴 적 어머님의 헌신적인 사랑과 기도로 양육 받은 사람이었지만, 성인이 되면서 교회를 떠났고, 결혼도 믿지 않는 여인과 하게 되었습니다. 직업 외교관으로 열심히 일하던 중 아내가 먼저 회심하게 되었고, 그도 1994년 47세의 나이에 회심하게 됩니다. 그는 세례를 받을 때 특별한 경험을 합니다. 그때의 일을 그는 이렇게 회상합니다.

목사님이 내 머리에 물을 부으면서 손을 대는 순간 눈물이 폭포처럼 쏟아지며 뭔가 뜨거운 것이 내 몸속으로 확 쏟아져 들어왔다. 그리고는 순간적으로 정신을 잃고 말았다.……내게는 짧은 순간처럼 느껴졌지만 몇 분가량이 흐른 듯했다. 그야말로 내 온몸으로 살아 계신 하나님의 역사를 처음으로 체험한 사건이었다(29쪽).

늦은 나이에 믿음의 길에 들어선 김하중 장로는 특별한 은사를 가진 기도의 사람들을 자주 만나게 되면서 하나님의 영적 세계의 신비를 깊이 경험합니다. 그러면서 그 자신도 기도의 사람이 됩니다. 공무로 만나는 사람들을 위해 매일 중보기도를 드리고, 자신이 맡은 일을 기도로 하나님께 맡기며, 중요한 결정 앞에서 하나님의 지시를 구합니다. 새로운 일 앞에서는 늘 기도로 시작합니다.

김대중 대통령 시절에 그는 의전비서관으로 일하고 있었는데, 급히 회의가 소집될 때면 미처 기도할 시간을 찾지 못한 채 회의실에 들어설 때가 있었다고 합니다. 그때마다 그는 대통령께, "죄송합니다만, 제가 잊은 것이 있습니다. 잠시 나갔다 와도 되겠습니까?"라고 말씀드렸답니다. 허락을 받고 나와 가까운 빈 방을 찾아 들어가서는, 기도로 마음의 준비를 하고 다시 회의실에 들어갔다고 합니다.

공인에 대한 평가가 늘 그렇듯이, 김하중 대사 혹은 김하중 장관에 대한 평가는 사람마다 엇갈릴 것입니다. 제가 오늘 그의 이야기로 시작하는 것은 그를 위인으로 미화하려는 데 목적이 있지 않습니다. 다만 그의 영적 자서전에 기록된 하나님 체험 이야기에만 집중하려 합니다. 우선, 그가 우리와 같은 시대를 살고 있는 한 사람의 지식인이요 공직자라는 점에서 그분의 정직성과 진실성을 전제할 수 있습니다. 그것을 전제하고 이 책을 읽다 보면, 영적 세계의 신비에 입을 벌리게 될 때가 많습니다. 깊은 기도로 하나님의 영적 세계에 연결되면 어떤 일이 일어날 수 있는지, 놀라지 않을 수 없습니다.

몇 가지 예를 들어 보겠습니다. 어느 날 그가 다른 사람들을 위해 중보기도를 드리는데, 갑자기 몸이 비틀리고 혀가 꼬이고 구토 증상이 일어납니다. 아무리 통제하려 해도 몸이 말을 듣지 않습니다. 그런데 기도가 끝나면 그 증상도 사라집니다. 나중에 그는, 자신이 중보기도를 드리는 그 대상자의 아픔을 하나님께서 느끼게 해 주신 것임을 알게 되었습니다.

한번은 기도를 하면서 무엇인가를 간절히 구하는데 갑자기 양팔이 만세 하듯 번쩍 들려 올려졌습니다. 나중에 깨닫게 되었는데, 하나님께서 그 기도를 들어주신다는 응답으로 그런 이적이 일어났다는 것입니다. 더 깊은 기도를 통해 하나님의 뜻을 분별하게 되자, 손이 들려 올려지는 현상이 없어졌습니다. 또한 그는 믿기 전에 폭탄주를 마시곤 했는데, 믿고 나서는 술을 끊었습니다. 그런데 가끔 공무상 마시는 포도주는 어쩔 수 없었습니다. 그 정도는 하나님께서 허락하실 줄 알았습니다. 그런데 어느 날 공식 석상에서 포도주로 건배를 하는데, 잔을 쥔 팔이 올라가지 않습니다. 아무리 해도 되지 않아서, 몸을 숙여서 마셨습니다. 그랬더니 구토가 일었습니다. 그날로 그는 술을 완전히 끊게 되었습니다.

이적을 좇는 믿음

2

저는 이 책을 읽으면서 많이 공감했습니다. 기도에 대한 열정이 새로워지는 경험도 했습니다. 제가 이 영적 자서전을 신뢰하는 이유가 있습니다. 그것은 김하중 장로님이 신비 체험을 달라고 간구하거나 그것을 경험하기 위해 이 사람 저 사람을 전전하지 않았기 때문입니다. 그는 오직 하나님의 뜻을 찾기 위해 기도에 전념했고, 기도의 사람들에게 겸손히 기도를 요청했을 뿐입니다. 또한 그는 기도를 통해 자신의 개인적인 문제를 구하지 않았습니다. 서문에서 그는 이렇게 밝히고 있습니다. "내가 지금까지 하나님 나라와 하나님의 백성을 섬기기 위해 했던 기도 가운데 응답받지 못한 것이 없다. 그 나라와 그의 의를 위해 기도할 때에 수많은 기적을 체험했다"(5쪽).

그는 공직자로서 자신에게 주어진 자리가 나라와 민족과 하나님을 위해 섬기도록 주신 기회라고 믿었고, 그래서 모든 일을 하나님께 맡기고 그분의 뜻을 구했습니다. 하나님의 뜻이라고 믿어지는 것에 대해서는 모든 것을 걸고 순종했습니다. 그 과정에서 여러 가지 신비로운 은사와 이적을 경험하게 됩니다. 하나님의 강력한 손을 경험한 것입니다. 이것이 저로 하여금 그의 영적 자서전을 신뢰하게 만든 이유입니다. 그는 '이적을 좇는 사람'이 아니었습니다.

하지만 걱정도 없지 않습니다. 이 영적 자서전은 읽는 사람들로 하여금 신비적인 체험에만 붙들리게 할 위험이 있기 때문입니다. 안타깝게도, 이 세상에는 '이적을 좇는 사람'이 너무나 많습니다. 아니, "우리 모두에게는 이적을 좇는 경향이 너무도 강합니다"라고 말해야 옳을 것입니다. 그런 욕구를 가지고 이 책을 읽으면 그 욕구가 통제할 수 없이 강해질 것입니다. 이 책을 다 읽고 나서, 소위 은사를 받았다는 사람이나 능력을 받았다는 사람들을 찾아 전전하며, 아무에게나 머리를 들이밀면서 기도해 달라고 보채는 사람들이 많아지지 않을까 걱정입니다. 그리고 그 같은 영적 욕구를 이용하여 자신의 이익을 도모하려는 영적 사기꾼들이 더욱 활개를 치지 않을까 염려됩니다. 이것이 괜한 걱정이기를 바라지만, 저의 염려가 현실이 될 가능성이 높은 것이 한국교회의 영적 실상입니다.

    우리에게는 진짜와 가짜를 분별할 수 있는 영적 분별력이 필요합니다. 그 사람이 이적을 좇아 다니는지, 이적이 그 사람을 좇는 것인지 분별해야 합니다. 적어도 제가 읽은 기록만으로 볼 때 김하중 장로는 '이적이 좇아 다니는 사람'입니다. 그는 이적에 대한 욕구가 아니라 하나님의 뜻에 대한 욕구로 가득합니다. 그는 오직 하나님의 뜻만을 추구하며 삽니다. 그러다 보니 이적이 그를 좇아 다닙니다. 반면 우리 주변에는 이적을 좇는 사람들이 많습니다. 하나님의 뜻은 안중에 없습니다. 어떻게든 많은 능력과 은사를 받아 사람들에게 인정받기를 원합니다. 때로는 자신에게 없는 은사를 선전하고 과장하기도 합니다.

3

이적을 좇는 욕구가 우리에게 있다는 사실은 전혀 이상한 것이 아닙니다. 인간은 누구나 한계 안에 갇혀 있기 때문에 그 한계를 넘어서고 싶어 합니다. 그러니 하나님의 초월적인 개입을 통해 한순간에 그 한계를 훌쩍 넘어 버릴 수 있다면 얼마나 좋겠습니까? 그렇기 때문에 때로 우리는 신비와 이적을 보고 싶어 하는 욕구를 주체할 수 없는 것입니다. 현실에서의 삶이 어려운 분들은 현실에서 이룰 수 없는 일을 기적으로 이루어 보고 싶어 합니다. 현실에서의 삶이 편안하거나 넉넉한 분들은 이적으로 삶의 권태를 떨쳐 보고 싶어 합니다.

저는 이민자 자녀들에게 이 같은 욕구가 특별히 강하다는 사실을 보고 놀랍니다. 얼마 전, 제가 아는 한 후배 목사가 제게 비디오를 하나 보여 주었습니다. 미국 중부 지방의 한인 2-3세를 중심으로 퍼지고 있는 열광주의적이고 신비주의적인 집회를 찍은 것이었습니다. 그 목사님도 누구에게서 이 집회에 대한 이야기를 듣고 어렵게 참석하게 되었고, 간신히 몇 장면을 비디오로 찍을 수 있었다고 합니다. 그 영상을 보고 저는 큰 충격을 받았습니다. 저도 그동안 자라면서 방언, 입신, 환상 등 영적 현상들을 볼 만큼 보아 왔지만, 그 비디오에서 본 광경은 제 경험을 훨씬 넘어서는 것이었습니다.

그것을 보고 저는 두 가지 생각을 했습니다. 첫째, 그 같은 영적 광란은 결코 건강한 신앙으로 연결되지 못할 것이라는 생각이었습니다. 그처럼 강렬한 경험을 한 사람들은 더 강한 경험을 추구하다가 정신질환에 걸리거나, 그 열정이 식어 버리면 아예 기독교 신앙을 버리거나, 둘 중 하나로 귀착됩니다. 실제로 그 집회에 다녀와서 심리적·정신적 질환을 앓는 사람들이 적지않게 생긴다고 합니다. 그런데 그들은 그것을 사탄의 공격으로 해석하기 때문에 아무런 약물 치료도 받지 않으려 합니다. 해결할 수 없는 상황에 빠지는 것입니다.

또 하나의 생각은 "왜 젊은 세대가 영적 광란에 몰입하는가?"라는 질문이었습니다. 어느 시대를 보든, 영적 광란에 빠지는 사람들은 심한 좌절감을 겪는 이들입니다. '이적을 좇는 경향'이 특별히 강한 사람들도, 알고 보면 삶에서 좌절감이 강한 사람들입니다. 오늘의 젊은 세대가 열광적인 집회에 몰입한다는 사실은 그만큼 그들의 좌절감이 크다는 뜻이 아니겠습니까? 물론 다른 이유도 있겠지만, 그들의 좌절감이 가장 큰 이유일 것입니다. 겉으로 보아서는 이해가 되지 않을 것입니다. 영어도 잘 하지, 부족한 것 없지, 일류 교육을 받았지, 높은 연봉의 직장도 있지……. 이민 1세로서는 그런 아이들이 커다란 좌절감의 상처를 겪고 있다는 사실을 이해할 수 없습니다.

현실을 이해할 수 없다고 해서 부정해서는 안 됩니다. 이민 1세에게 좌절감의 원인이 되었던 것과 2세 혹은 3세에게 좌절감의 원인이 되는 것은 다릅니다. 가정에서 입은 상처가 원인일 수 있습니다. 도저히 만족시킬 수 없는 부모의 기대감이 원인일 수 있고, 소수 민족으로서의 한계가 원인일 수도 있습니다. 원인이 무엇이든 간에 그들에게는 뭔가 초월적인 힘을 통해 해결하고픈 절실한 문제가 있습니다. 그것이 그들로 하여금 열광주의적이고 신비주의적인 분위기를 사모하게 만든 것입니다. 이 점을 깊이 생각해서 자녀들의 신앙을 잘 지도해야 할 것입니다.

4

이적을 좇는 신앙이 위험한 이유가 무엇입니까? 이적은 주로 외적으로 일어나는 현상입니다. 반면, 믿음은 우선적으로 마음의 문제입니다. 믿음은 하나님과의 관계인데, 하나님과 관계를 트고 그 관계 안에서 살기 위해서는 먼저 마음의 변화가 있어야만 합니다. 따지고 보면, 마음에 일어나는 변화야말로 진정한 기적이라고 해야 합니다. 마음처럼 변화되기 어려운 것도 없기 때문입니다. 나이가 어린 사람에게도, 많은 사람에게도 그것은 어려운 일입니다.

저는 자신의 마음을 제대로 다스릴 수가 없어서 고통스러워하는 분들을 많이 만나 왔습니다. 그중에는 인생의 경험이 많은 어른도 계셨고, 결코 약한 모습을 보이지 않으려는 장년도 있었으며, 패기만만한 청년도 있었고, 손대면 깨질 것 같은 청소년도 있었습니다. 자신이 겪는 문제의 뿌리가 마음에 있는 것을 아는데, 그 마음을 다스릴 길이 없어 안절부절못합니다. 저 자신도 이런 좌절감을 가끔 겪습니다. 마음에 대한 잠언서의 말씀이 얼마나 진실인지요!

> 그 무엇보다도
> 너는 네 마음을 지켜라.
> 그 마음이 바로
> 생명의 근원이기 때문이다(잠 4:23).

하나님을 거부하고 부정하던 사람이 예수 그리스도 앞에 무릎을 꿇고 회개하며 돌아섰다면, 마음에 기적이 일어난 것입니다. 사랑하는 사람이 믿지 않아서 그로 인해 기도하며 고통을 겪어 본 사람이라면, 이 같은 변화가 일어나는 것이 얼마나 어려운 일인지 잘 알 것입니다. 자녀에게 해 줄 수 있는 일 가운데 가장 어려운 일이 바로 믿음을 심어 주는 일입니다. 부모가 힘으로 할 수 없습니다. 하나님을 생각하는 마음과 하나님을 사모하는 마음이 저절로 생겨나야 합니다. 이는 오직 그 마음에 변화가 일어날 때만 가능한 일입니다.

의학 용어에 '심인성 질환'이라는 것이 있습니다. 마음에 병이 생기면 그 병의 영향이 몸으로 나타난다는 것입니다. 온몸의 기능을 마비시키는 원인이 마음에 있을 수 있다는 것입니다. 마음의 병은 또한 관계를 망가뜨립니다. 육신의 질병은 때로 더 깊은 사랑을 경험하게 해 주지만, 마음의 병은 그 반대입니다. 그래서 마음의 병이 무섭습니다. 그래서 마음의 병이 치료되고 나면, 아무 이유 없이도 육신의 질병이 사라지기도 합니다.

마음에 일어나는 변화는 이렇듯 파급효과가 큽니다. 마음에 변화가 일어나 하나님을 찾고 그분의 사랑 안에서 살아가게 되면, 그리하여 그 믿음이 깊어지면, 자동적으로 그 사람의 육신에 변화가 일어납니다. 긴장되고 경직되었던 표정이 부드러워집니다. 냉기가 느껴지던 딱딱한 태도가 변하여 온기를 풍깁니다. 자신이 모든 것을 통제하려던 집착을 버리고 하나님께 의지하니 스트레스 수치가 낮아집니다. 믿음이 깊어지면서 잠도 잘 자게 되고, 소화력도 좋아집니다. 그것만이 아닙니다. 자신에게 주어진 소임을 대하는 태도가 달라집니다. 사람들을 대하는 태도가 달라집니다. 마음에 변화가 일어나면 모든 것이 달라지게 되어 있습니다.

5

오늘 요한복음의 말씀은 이 점에서 아주 중요합니다. 23절을 보면 이렇게 보도합니다.

> 예수께서 유월절에 예루살렘에 계시는 동안에, 많은 사람이 그가 행하시는 표징을 보고 그 이름을 믿었다(요 2:23).

여기까지는 이상한 것이 전혀 없습니다. 예수께서 행하신 이적들을 직접 본다면, 압도되지 않을 사람이 별로 없을 것입니다. 그런데 그 다음 구절이 우리를 놀라게 합니다.

> 그러나 예수께서는 모든 사람을 알고 계시므로, 그들에게 몸을 맡

기지 않으셨다(요 2:24).

"그들에게 몸을 맡기지 않으셨다"는 말을 우리 식으로 표현하면 이렇게 됩니다. "그들에게 마음을 주지 않으셨다." 우리는 보통 어떤 사람을 완전히 믿지 못할 때 마음을 주지 않습니다. 예수께서는 그분이 행한 이적을 보고 따라오는 사람들을 믿지 못하셨습니다. 그래서 마음을 주지 않으셨습니다. 왜 그랬을까요? 오늘 본문은 "예수께서는 모든 사람을 알고 계시므로"라고 대답합니다. 인간의 본성을 알고 계셨다는 뜻입니다. 이적을 좇는 신앙이 어떤 것인지를 아셨기 때문입니다.

초기 감리교회 목사님 가운데 박재봉이라는 분이 있습니다. 기독교 작곡가로 유명한 박재훈 씨의 큰형입니다. 그는 17세에 금강산에 들어가 열흘 동안 금식기도를 하면서 강력한 신유의 은사를 받았습니다. 그 후, 해방 전부터 70년대까지 목사로, 부흥사로 많은 이적을 경험했습니다.

한때 그는 자신의 집회에서 치유받은 사람들의 이름과 증상을 하나하나 기록한 적이 있었습니다. 8년 동안 기록한 것이 1만 건 가까이 되었다고 합니다. 그의 집회를 통해 앞을 못 보던 사람이 보게 되었고, 걷지 못하던 사람들이 걷게 되었고, 폐병이 치료되었으며, 암이 나았습니다. 그렇게 한참 집회를 인도하던 중 그에게 의문이 생겼다고 합니다. '내 집회를 통해 이적을 경험한 사람들이 지금 어떻게 살고 있을까? 믿음이 제대로 들어갔을까?'

이적을 좇는 믿음

그는 이를 확인하기 위해 몇몇 교회를 찾아갑니다. 그 결과, 그는 아주 크게 실망합니다. 자신의 집회에서 병을 치료받은 사람들이 대부분 믿음을 버리고 옛 생활로 돌아가 버린 것을 발견한 것입니다. 집회에 찾아왔던 사람들은 '이적을 좇는 사람들'이었던 것입니다. 그 사실을 확인하고 나서 그는 신유의 은사를 가져가 달라고 하나님께 다섯 번이나 간절히 기도했다고 합니다. 하지만 하나님은 그 은사를 거두어 가지 않으셨습니다. 그래서 그는 엄격하게 주의를 기울여 이적에 치우치지 않도록 힘썼다고 합니다.

'예수를 따르자'라는 제목의 설교에서 그는 이렇게 말씀합니다.

이적을 구해서는 안 됩니다. 다만, 믿음을 구할 뿐입니다. 여러분은 어떻게 생각하십니까? 심지 없는 양초는 천하의 성냥을 다 그어 대도 불이 붙을 리 없습니다. 그러나 심지 있는 양초는 단 한 개피 성냥으로 불이 붙습니다. 성냥을 그어 대는 사람의 재간에 있는 것이 아닙니다.

예수께서 본 것을 박재봉 목사님도 보았습니다. 예수께서 알았던 것을 박재봉 목사님도 알았던 것 같습니다. 인간 누구에게나 있는 이적에 대한 욕구를 알았습니다. 그것을 따라가는 것이 얼마나 위험한 것인지도 알았습니다. 이적으로는 마음을 변화시키기 어렵다는 것을 알았습니다. 이적은 믿음에 따라오는 것이지, 믿음에 앞서는 것이 아님을 알았습니다. 믿음이 참되고 진실되어 이적이 발생하면 좋은 것이나, 믿음이 없이 이적만 구하는 것은 매우 위험한 것임을 알 았습니다. 저와 여러분, 우리 모두가 그 사실을 깨달아야 합니다.

6

이적은 오늘도 일어나고 있습니다. 하나님의 강한 손은 지금도 그리고 앞으로도 영원히 활동하실 것입니다. 그것을 부정하면 안 됩니다. 하지만 이적이 그처럼 빈번하게 일어나는 것이 아님을 알아야 합니다. 김하중 장로의 영적 자서전을 보면, 마치 신비로운 일들이 매일 일어나는 것처럼 보이지만, 그 같은 일들을 한데 모아 놓아서 그렇게 느껴지는 것뿐입니다. 만일 이적이 일상사처럼 일어난다고 믿고 그것을 위해서만 기도하거나 이적을 보여 준다는 사람들을 쫓아다닌다면, 그 사람은 심각한 영적 위기를 만나게 될 것입니다. 이렇게 장담하는 이유가 무엇입니까? 세 가지 이유가 있습니다.

첫째, 이적을 구하는 기도는 잘 응답되지 않으며 그 기대는 잘 이루어지지 않습니다. 이적만을 구하다 보면 실망하고 낙담하기 쉽습니다. 하나님께서 이 세상을 창조하실 때부터 그렇게 디자인해 두셨기 때문입니다. 이적은 구한다고 주어지는 것이 아닙니다. 하나님께서 원하실 때 일어나는 것입니다.

둘째, 이적을 구하는 사람들은 영적 사기꾼들에게 속아 넘어가기 쉽습니다. 이것은 지난 2천 년 기독교 역사가 증명하는 진실입니다. 허황된 꿈을 꾸는 사람들이 사기꾼의 밥이 되는 것은, 영적인 면에서도 마찬가지입니다.

　셋째, 설령 이적을 경험했다 하더라도, 그 경험이 자동적으로 마음에 변화를 일으키는 것은 아닙니다. 우리의 믿음 생활의 결과가 무엇이어야 하겠습니까? 믿음을 통해 병 치료를 받는 것입니까? 방언이나 신유 같은 신기한 경험을 해 보는 것입니까? 돈을 많이 버는 것입니까? 자식이 잘 되는 것입니까? 그것이 우리의 믿음의 목적이 된다면, 우리는 아주 불쌍한 사람입니다. 하나님께서는 그 모든 것보다 더 큰 것을 위해 우리를 부르셨습니다.

　믿음은 우리로 하여금 예수 그리스도를 통해 살아 계신 참된 하나님과 만나고, 그 하나님 안에서 새롭고 참된 삶을 찾고, 그 삶을 통해 하나님 나라와 그분의 의를 위해 헌신하게 만들어 주는 것입니다. 그것이 진정한 믿음입니다. 이는 마음에 변화가 일어날 때 생기는 이적입니다. 마음의 변화는 하나님의 강한 손길이 없어도 일어날 수 있습니다. 그분의 부드러운 손길이 닿는 것으로도, 그분의 세미한 속삭임을 듣는 것으로도, 그분의 임재를 힐끗 보는 것으로도 마음에 변화가 일어날 수 있습니다.

　마음에 변화를 받아 하나님을 참되게 만난 사람은 이적을 좇지 않습니다. 오직 하나님의 나라와 그 의를 구합니다. 오직 그분의 나라와 그 의를 위해 힘쓸 때, 김하중 장로의 영적 자서전에 기록된 것과 같은 신비한 이적도 때로 볼 수도 있습니다. 그런 것을 보지 않아도 상관 없지만, 그것을 경험하면 우리의 영적 눈이 더 밝아지고 영적 귀가 더 잘 들리게 될 것입니다.

7

요한복음 2장 24절을 보면, 주님께서는 이적을 좇는 사람들에게 마음을 주지 않으셨다고 합니다. 우리는 어떨 것 같습니까? 주님께서 우리의 믿음을 보실 때, 마음을 주실 만하겠습니까? 이 질문을 제기하는 저 자신이 먼저 두렵습니다. 주님께서 제 믿음을 보실 때, "미안하지만, 너에게는 아직 마음을 줄 수가 없구나. 네 믿음을 안심할 수가 없구나"라고 말씀하실 것 같아 두렵습니다. 여러분은 어떻습니까?

이 두려운 질문을 마음에 품고 다짐하며 기도합시다. 영적 미아가 되지 않도록 조심합시다. 이적을 좇는 사람이 되지 맙시다. 온갖 신비로운 것으로 우리를 현혹하는 사람들에게 우리의 거룩한 머리를 내주지 맙시다. 그 대신, 우리가 선 자리에서 기도합시다. 가정과 직장과 교회에서의 삶을 통해 하나님의 나라와 그 의가 이루어지도록, 그것만을 위해 기도합시다. 하나님의 영적 세계에 깊이 닿을 만큼 더 깊이, 더 간절히, 더 열심히 기도합시다.

하나님께서 우리 삶의 모든 영역을 다스리기 원하신다는 것을 믿고, 또 그렇게 할 때 우리로서는 상상도 할 수 없는 변화가 일어난다는 것을 믿고, 매사를 하나님께 의뢰하며 그분께 의지합시다. 내 욕심과 내 야망을 위해서가 아니라, 하나님의 소원을 마음에 두고 그것을 이루기 위해 기도하며 살아갑시다. 그렇게 살아갈 때, 우리에게는 참된 변화가 일어날 것이고, 그때 우리는 담대하지만 겸손하게 우리가 믿는 바를 전할 수 있을 것입니다.

오직 이 한 가지 마음으로 기도하며 신실하게 살아갈 때, 주님께서 우리에게 이렇게 말씀하실 날이 올 것입니다. "그래, 되었구나. 너의 그 마음과 믿음을 보니, 내가 이제 마음을 줄 수 있겠다. 너를 믿을 수 있겠다." 주님으로부터 이런 말씀을 들을 수 있다면 얼마나 행복할까요? 더 바랄 것이 무엇이 있을까요? 저와 여러분 모두가 이 같은 마음의 기적을 경험하고, 이 같은 믿음의 축복을 받게 되기를 간절히 축원합니다.

오, 주님,
저희 마음의 영토를 주님께 내어 드립니다.
오셔서
주님께서 왕좌에 앉으시고
저희를 다스려 주소서.
저희가 바라는 것은
육신의 이적도 아니요
물질의 이적도 아닙니다.
오직 마음의 이적을 구하오니,
허락하소서.
이적을 좇는 믿음이 아니라,
이적이 쫓아오는 믿음이 되게 하소서.
아멘.